中华先烈人物故事汇

军事科学院解放军党史军史研究中心编写组

学习出版社

中华先烈人物故事汇——《杨靖宇》

主　编：李艳梅
副主编：陈秋波　邱　雷
编　委：王　冬　张容华　王清晨
　　　　郭　宏

编　著：秋　实　王　冬

目　录

Contents

引 子

他是一位令国人敬仰、令敌人胆寒、令对手钦佩的伟大民族英雄!

杨靖宇，原姓马，名尚德，又名顺清，字骥生。杨靖宇、周敏、张贯一等名字，都是他在东北工作期间用的化名。1905年2月13日出生，河南省确山县李湾村（今属驻马店市驿城区）人。1926年加入中国共产主义青年团，1927年5月加入中国共产党。1940年2月23日，在吉林省濛江县保安村三道崴子壮烈牺牲。

杨靖宇幼年丧父，家境贫寒，由母亲含辛茹苦养育。7岁时，进入本村一所私塾读书。15岁时，以优异成绩考入确山县立高等小学读书。18岁时考入位于开封的河南省立第一工业学校学习，在校期间，加入北京大学成立的“马克思学说研究会”，成为该研究会第88名、河南省第1名会员。

1926年，杨靖宇初级班学习毕业，正准备升入高级班学习时，受党组织派遣，返回家乡组织农民运动。次年，被选为确山县农民协会执行委员会委员长。

1927年4月4日，确山县数万农民举行暴动，杨靖宇任总指挥。八七会议后，杨靖宇参与领导并发动刘店秋收暴动，组建确山县农民革命军，历任确山县农民革命军总指挥、确山县农民协会委员长和临时治安委员会代理主席、豫南特委委员兼信阳县委书记。

1928年至1931年秋，杨靖宇受党的委派，先后在河南开封、洛阳和东北等地从事秘密革命工作，曾5次被捕入狱，屡受酷刑，坚贞不屈。

1929年春，杨靖宇奉调赴东北工作。中共满洲省委派他担任中共抚顺特别支部书记，化名张贯一。他深入抚顺煤矿，联系工人群众，恢复重建被破坏的党组织，领导工人同侵占中国煤矿的日本矿主进行斗争。九一八事变后，党派他担任东北反日总会的领导工作，后又派他担任中共哈尔滨市道外区委书记、市委第一书记、满洲省委委员，不久又兼任满洲省委军委代理书记。

1932年11月，他以满洲省委特派员身份赴南满伊通、磐石、桦甸等地巡视工作，整顿各县党组织、游击队和反日会等，组建中国工农红军第三十二军南满游击队，自己留队任政委。为便于工作，稳定部队情绪，他改姓杨，与已离任的首任政委杨君武同姓，叫人称他杨政委，将自己的名字改为靖宇，以表平定宇内、抗战到底的决心。从此，杨靖宇的这个名字传遍白山黑水、长城内外，一直传诵至今。

1933年秋，根据中共中央关于在东北建立党领导下的反日民族统一战线的指示，以南满游击队和海龙游击队为基础，成立东北人民革命军第一军独立师，杨靖宇任师长兼政委。

1934年2月，独立师联合南满16个抗日武装力量召开大会，成立东北抗日联合军总指挥部，杨靖宇当选总指挥。同年11月，召开中共南满第一次代表大会，成立南满临时特委，并正式建立东北人民革命军第一军，杨靖宇任军长兼政委。第一军成立后，杨靖宇运用机动灵活的战术，领导部队挫败日伪军的秋季“讨伐”，迅速扩大游击区。

1935年8月，成立东北抗日联军，杨靖宇任抗日联军第一军军长兼政委。1936年7月，抗日联军第一、第二军合编为抗日联军第一路军，杨靖宇任总司令兼政委。

七七事变后，杨靖宇领导东北抗联第一路军转战长白山区，与第二路军联合作战，连续多次冲破敌人的“围剿”，并不断袭击敌人据点，破坏敌军设施等，给日伪军以沉重的打击和威慑。尤其是在中共满洲省委停止工作后，东北各地党组织和抗日联军失去统一领导、日军对东北抗联实施全面封锁和疯狂“讨伐”的情况下，杨靖宇组织和领导东南满抗日武装力量，坚持同日伪军开展斗争。在极其艰难困苦的条件下，始终扛起抗日的大旗不倒，坚持战斗。多次把生的希望让给战友，把死的危险留给自己。

1940年2月23日，杨靖宇在吉林省濛江县保安村三道崴子壮烈牺牲，为党、为人民、为中华民族流尽了最后一滴血，时年35岁。

为了纪念杨靖宇，1945年东北民主联军通化支队改名为杨靖宇支队，1946年濛江县改名为靖宇县。1957年7月，朱德亲笔题词“人民英雄杨靖宇同志永垂不朽”。1985年9月，邓小平亲笔题写“民族英雄杨靖宇烈士纪念碑”。1995年1月，江泽民为杨靖宇故居亲笔题写“杨靖宇将军纪念馆”。习近平也曾在多个重要讲话中提及杨靖宇，赞誉其为中华民族的脊梁，并引用《九歌·国殇》中的名句，“诚既勇兮又以武，终刚强兮不可凌。身既死兮神以灵，子魂魄兮为鬼雄”，赞颂杨靖宇等在民族生死存亡关头挺身赴难的先烈。

“天地英雄气，千秋尚凛然。”杨靖宇的一生是坚持革命的一生、顽强战斗的一生、牺牲奉献的一生。他始终坚定共产主义理想，不忘初心，对党忠诚；他胸怀天下兴亡、匹夫有责的爱国精神，不管斗争多么残酷、环境多么艰难，始终抱定救国救亡信念；他秉持百折不挠、坚忍不拔的奋斗精神，面对困难、牢狱，甚至死亡，深信牺牲能够为后人开辟出一条通向无限幸福的大道；他恒守气吞山河、笑傲死神的牺牲精神，在长白山的冰天雪地中，伐木为营，围火而眠，草根果腹，天大的困难不言苦，以一不怕苦、二不怕死的血性胆魄，以无谓的英雄气概感染着所有战士和百姓，一直坚持到流尽最后一滴血，一身正气、坚如泰山地迎接死亡。

巍峨丰碑用英雄热血铸就，前仆后继靠英雄信念支撑。杨靖宇精神不死，浩气长存，永远成为鼓舞我们前进的坚强力量。

01 中原沃土出豪杰

书生意气伸正义

被誉为“中原之腹地，豫鄂之咽喉”的河南省确山县，有个李湾村，不仅以地理位置独特、风景秀丽而闻名，更因民族英雄杨靖宇出生在这里而享誉中华大地。

1905 年 2 月 13 日，杨靖宇出生在这里。

杨靖宇本姓马，他的祖父名叫马绥武，祖籍河南省泌阳县，全家逃荒到确山后，先住县城北左庄，不久迁至李湾村，以烧窑和租种地主土地为生。

杨靖宇出生后，家人给他起名“顺清”，但是他的童年并不顺清。他 5 岁那年，父亲因病离世，母亲只好带着他及妹妹寄居祖母、二叔马延龄家。

杨靖宇的母亲勤劳善良，豁达开朗，虽然与当时大多农村妇女一样，没上过学，却能讲出许多生动有趣、富有教育意义的故事。那些舍生取义、杀富济贫的英雄形象，岳母刺字精忠报国的故事，都在杨靖宇幼小的心灵里留下了深刻的印象。杨靖宇7岁时，母亲节衣缩食，坚持送儿子上学，希望他将来成为一个正直、善良、有知识、有作为的人。母亲将他送到村里清末落第秀才刘景臣开的私塾读书。刘先生是位饱学之士，他按马家谱书，为杨靖宇取名“尚德”，“崇尚美德”之意，字骥生。

杨靖宇在私塾里开始学习《三字经》《百家姓》《千字文》等启蒙读物后，又学习《大学》《论语》《中庸》《孟子》，学问大有长进。

杨靖宇聪明伶俐，遇事肯动脑筋，先生喜欢，在同学们中也很有威信。有一天，先生外出办事，吩咐学生自己读书。同学们读了一会儿就开始闲不住地闹腾起来。

杨靖宇几天前赶庙会时看过一台戏，是官府审案的事情。于是，他突发奇想，对同学们说，我们演一台戏吧。大家欢呼雀跃，积极赞成。有的问，演什么呢？杨靖宇说，就演官府审案吧。他指挥同学们用桌椅板凳搭起“戏台”，每个人都担任角色，“府台”“县台”“衙役”“罪犯”，一应俱全。杨靖宇自己担任“县台”。

演出开始了，“府台”冲着被抓来的“罪犯”厉声问道：“你为什么要当土匪，抢人家的东西？”“罪犯”回答：“我不是土匪，没抢人家东西呀！”“府台”勃然大怒，喝令用刑。两班“衙役”一拥而上，将“罪犯”按倒在地，施以重刑。扮演“县台”的杨靖宇本来应对“府台”唯命是从，而他出人意料地说：“不能这样审官司，不问青红皂白就打，这不会屈打成招吗？”同学们觉得杨靖宇说得在理，大都随声附和，可“府台”却觉得不能丢了面子，非要坚持原判。双方各持己见，学堂内乱成一团。

正在这时，先生回来了，见此情景，十分生气，狠狠地批评了孩子们，惩罚了带头演戏的学生。对杨靖宇，先生则令他放学前必须把《孟子》一书中的“告子”篇背下来，否则就要打手板。可还没到放学时间，杨靖宇就来到先生面前，一字不差地把“告子”背诵了一遍。

在放学回家的路上，同学们又谈论起白天演戏的事。有人说：“听说官府里也是这样审官司的！”杨靖宇则说：“捉贼要赃，得有真凭实据，光靠打怎么成？官府这么审官司就是没有道理。官府向着有钱的，用这种办法去审官司，不知坑害了多少穷人。”杨靖宇不把演戏当成游戏，而是从戏里看到了社会问题，表现出了超越同龄学子的眼界和思维。

1912年2月15日，南京临时参议院选举袁世凯为中华民国临时大总统。由于河南是袁世凯的老家，袁世凯就把自己的表弟张镇芳从直隶调任河南都督。张镇芳大肆搜刮民脂民膏，使本已贫困歉收的河南更加生灵涂炭，民不聊生。恰逢河南宝丰人白朗率领豫西一带农民发动武装起义，由朴素的“打富济贫”很快发展到武装反抗袁世凯的反动统治。

1913年秋，白朗率领起义军离开宝丰，沿京汉铁路一路南下，经过李湾村时，其英雄行为激发了少年杨靖宇的报国志向，他立志要做白朗第二。从此，每天早晚，杨靖宇追随四堂叔马鹤龄打拳习武，强壮体魄。后来，得知白朗在战斗中牺牲的消息时，杨靖宇悲痛不已。

1920 年，15 岁的杨靖宇考入确山县立高等小学。这所小学每年暑期招生，学制 3 年。

杨靖宇在校期间，秉持正义，不畏强权。一次，确山县教育局的一个职员到学校检查工作，临走时说自己丢了一件东西，硬说是被做饭的工人偷去了，并依权仗势从团防营找来两个兵差，把工人绑在柱子上拷打。

杨靖宇见状斥问兵差："你们说他偷东西有啥证据？"两个兵差支支吾吾，杨靖宇更加愤怒，与在场的同学齐声高喊："太欺负人了，大家一起来，把他们赶出去！"在杨靖宇的带领下，同学们一拥而上，赶跑了兵差，救下了被绑的工人。

傍晚，十几个团防营兵差闯进学校，狂喊着："见人就打，一个不留。"同学们见兵差如此势头，一时手足无措。

就在这时，人们突然发现，杨靖宇已顺着第三讲堂的柱子爬到教室房上，手里举着不知从哪里弄来的一盒火柴，对着兵差高声喊道：“你们赶快离开这里，如果不走我就放火烧房子。”见此情景，张牙舞爪的兵差全都吓跑了。

事后，有人担心地对杨靖宇说：“这回可惹出乱子了！”杨靖宇镇静地说：“我这是为正义而干的，出事我自己承担。”很多目睹了这一幕的老师都夸奖杨靖宇机智有勇气、有胆量，同学们更是佩服杨靖宇临危不惧，敢作敢为。

1920 年，确山人民响应五四运动的号召，开展抗日救国、抵制日货的斗争。杨靖宇积极参加罢课，带领十几名同学到街头发表演讲、张贴标语，呼吁国民行动起来，争取中华民族的强盛。当时，确山县的一些奸商为牟取暴利，大量倾销日货。杨靖宇就和同学们一起到火车站和街市上检查日货，并要求货主将日货自行停售或退回，否则没收销毁。

夏季的一天，杨靖宇和同学们从一家商店里查出一大批新进的日货。商店老板贿赂反动当局出面干涉，将学生的爱国行动诬为“胡闹”，强令解散。杨靖宇义正词严地说:“以前这家商店就进过日货，他不知悔改，这次又进，全不把国家存亡放在心上，这批日货一定得没收销毁。”官府碰了一鼻子灰，就给学校去公函，要学校严加管教。校长怕事了，先是“规劝”，后是“勒令”，并以“开除”相威逼。这样更激怒了学生。在杨靖宇的带领下，学生举行全校性的大罢课，校长慌了手脚，反动当局也怕由此引出更多的麻烦，就不再干涉了。学生们的斗争取得了胜利，最终那批日货被学生点火销毁。

跻身革命洪流
历经腥风血雨

1923年8月，杨靖宇高等小学毕业，以优异的成绩考入位于开封的河南省立第一工业学校。

开封，曾为八朝古都，名胜古迹随处可见。在第一工业学校后院，就有一座宋代的点将台，相传抗金名将岳飞曾在此调兵遣将，抗击金兀术侵扰中原。杨靖宇每到此地，就流连忘返。他最喜欢约同学姚建宇乘月明之夜登上点将台瞭望、谈天，喜欢吟诵激情豪迈的诗句：“抬望眼、仰天长啸，壮怀激烈……”

他仰慕民族英雄岳飞的抗敌气节。每当说到激动之时，就坚定表示要效仿民族英雄的行动，做一个保卫中华民族的英雄。

当时，开封是河南省的政治、经济、文化中心，各种新观念、新思潮传播较快，李大钊、陈独秀等撰写的文章，《新青年》《向导》等进步报刊，在这里都能读到。面对当时的中国现实，杨靖宇经常苦苦思索：军阀混战、列强侵凌，中华民族向何处去？在学习和探讨中他渐渐发现，只有马克思主义这一科学真理才可以打开中国富强之门。于是，他加入了北京大学成立的“马克思学说研究会”，成为该研究会第 88 名、河南省第 1 名会员。

1925 年，五卅惨案再一次打破了杨靖宇平静的学习生活，他又一次站在了反帝爱国斗争的最前线。杨靖宇身穿长衫，每天四处奔波，检查英货，发表演说。他站在通往车站的一个街口宣讲台上，激昂地挥动着拳头，高声演讲，洪亮的声音振荡在街头，爱国激情感动着围得水泄不通的听众。

6月14日，开封市4万多名市民和学生走上街头举行了大规模的示威游行，沿途摇旗呐喊，震天动地。教育当局令各学校提前放假。杨靖宇和一些同学遵照党组织的指示，利用假期回乡开展宣传工作。杨靖宇和同学在家乡办起了3所夜校，共有百余人参加。杨靖宇任教员，在教授文化的同时，进行反帝爱国宣传，启发农民群众的革命觉悟，鼓动农民投身到反帝反封建的斗争中来。返校后，又积极参加党领导下的青年协社，很快成为该团体的主要成员之一。

1926年秋，杨靖宇经张耀昶、姚建宇介绍，光荣地加入了共产主义青年团。10月，中共党组织派杨靖宇的小学同学、上海大学学生、共产党员张家铎回河南确山配合地下党组织开展农民运动。根据党的指示，杨靖宇也放弃了升入高级班学习的机会，返乡与张家铎等人共同组织农民运动，迎接革命高潮的到来。

由于河南地处中原，历来为兵家必争之地，封建军阀更在此屡开战端。兵痞遍地，官匪合流，土匪的烧杀抢掠和官绅的敲诈勒索，共同加害在广大农民身上。确山县的四大劣绅以给驻军筹集粮款为名，成立“兵策局”，发捐条、印纸券，巧立名目，横征暴敛。无法生存下去的农民，纷纷组建红枪会。一时间，河南各地几乎村村开馆，庄庄设堂，青壮年男子大都参加了红枪会，还有黄枪会、绿枪会、白枪会、黑枪会等。仅红枪会就有 10 多万人，黑枪会有 4 万多人。诚如李大钊所言，红枪会“其蔓延的迅猛，完全是因为外国帝国主义和本国军阀兵匪所压迫所扰乱而自然发生的反响”。尽管这些组织的成员都很复杂，但大多是仇视封建军阀的农民群众，是可以争取的力量。

杨靖宇回到确山后，就和张家铎、张耀昶等人日夜奔忙，串联各枪会，了解农民疾苦，启发他们的觉悟，并着手建立农民协会。经过杨靖宇他们的艰苦工作，争取枪会工作取得显著成效，全县基层区、乡农协会建立 40 多个，发展会员 1 万多人，一支由共产党领导的确山农民自卫军武装力量建立起来了。

杨靖宇的母亲，看到儿子一天到晚不着家，又是想念又是担心。村保长“告诫”说要让她好好管教一下儿子，不要闹事，不要宣传共产党、打倒土豪劣绅。终于有一天母亲见到杨靖宇便问：“尚德，你怎么总在外面跑？到底是忙什么呀？别叫娘提心吊胆惦记着你呀！”

“娘，您听说有这样的国家吗？那里没有财主，也没有穷人，大家都过着平等自由的生活，没有谁欺负谁。”

“哪有这样的地方呀？”母亲说。

“有的，苏联就是这样，那里穷人是国家的主人，工人、农民当家作主，咱们现在也要照他们那样做。咱们确山县大部分地区的穷人都已开始组织起来，拿起武器，不久就要向财主、军阀开火了。”

知子莫若母，母亲终于明白，儿子辛苦忙碌，正是为了让穷苦人过上好日子。

1927年2月15日，确山县农民协会在洪沟庙镇的玉皇庙召开成立大会，张家铎主持会议，杨靖宇作报告，他的报告赢得了代表们的阵阵掌声和欢呼。会上，杨靖宇被推举为县农民协会执行委员会委员长。

就在这天，吴佩孚的“讨贼联军”第八军数十名官兵到县城东北的董庄，以催收给养为名抢粮并毒打农民，被红枪会扣留。杨靖宇闻讯，立即率领各路农民自卫军、红枪会包围县城，群情激愤。县长王少渠吓得面如土色，承认军士有滋扰之事，一方面泣求驻军暂缓用兵，一方面派人与农会领导交涉，请乡绅劝红枪会首领忍退。王少渠被迫接受了农会的要求，答应驻军和官府不再下乡勒索。这次由共产党领导的农民斗争取得了胜利。

1927 年 3 月 15 日，河南全省武装农民代表大会在湖北武昌中央农民运动讲习所开幕，大会发表了宣言。这时的确山县，内有群众斗争、外有声势支援，革命力量占据优势。中共驻马店特支决定趁热打铁，举行大规模农民暴动。杨靖宇、张家铎等确定，在 4 月 4 日城隍庙会上巳节这天举行武装示威，杨靖宇任总指挥，以配合北伐军向河南推进。

4 月 4 日这天清晨，杨靖宇和张家铎、张耀昶等人来到县城东关大操场，升起鲜艳的农会会旗，把两张八仙桌并在一起当主席台，迎接来自全县的农民。农民协会和红枪会的成员高举红旗，手持大刀、长矛，一路敲锣打鼓，从四面八方陆续进入会场。

被组织起来的上万农民，热情高涨，他们高呼着“打倒帝国主义”“打倒军阀”“打倒贪官污吏”“打倒土豪劣绅”“反对苛捐杂税”等口号，等待着庄严时刻的到来。

中午时分，武装示威大会正式开始。杨靖宇神采奕奕地站在主席台中央，代表全县农民讲话，并面对面地同县长王少渠开展清算说理的斗争。杨靖宇代表起义农民义正词严地提出四项条件：交出四大劣绅，清算他们的罪行；取消苛捐杂税，不再派车拉夫；清查县政府账目，释放因抗捐被关押的农民；农村实行县政，一切必须通过农民协会。王少渠满口应承，大会当场放他回城。

第二天，农会从早晨等到傍晚，王少渠一直未交出四大劣绅。农会派出代表交涉，王少渠避而不见，故意委托一个军人出面应付。原来，王少渠自会场回城后，不仅躲进城隍庙，放走了四大劣绅，而且在全城布防，派众多荷枪实弹的官兵把守城头，用沙袋堵住城门。王少渠的所作所为，激怒了农民群众，人们纷纷加入围城行列，附近各县的红枪会也前来支援，围城人数增至四五万人。京汉铁路上行驶的火车听从暴动农民指挥，把确山作为临时终点站，免费运送支前农民及物资。确山城外的村村户户住满了参加暴动的外地农民，烧水做饭的炉火映红了夜空，老人、妇女和孩子们自愿为前线农民送水送饭，人民革命的热潮在确山激荡。

4月6日，原信阳道尹（民国时期官名，隶属省长，管理所辖各县行政事务）于庭鉴受第八军一名旅长的委托，到确山调停。8日，正当杨靖宇和张家铎、李则青代表暴动农民与于庭鉴谈判时，城头的士兵突然开枪，当场打死两名暴动农民。广大农民再也抑制不住心头的怒火，决心攻下确山县城，为死难弟兄报仇。

谈判当即停止，中共驻马店特支迅速作出决定，抓住有利时机，立即攻城，由杨靖宇和张家铎、张耀昶 3 人组成攻城指挥部。

当夜，攻城战斗开始。杨靖宇指挥四五万暴动农民，向反动势力盘踞的确山县城发起进攻。农民用自制的“九节雷”土炮和步枪一齐向城上开火。霎时间，火光冲天，杀声震地。不一会儿，城东南角的敌军炮楼被土炮轰塌。西城门下，农民堆起干柴，燃起大火，将木制城门烧开，手举着大刀、长矛如潮水般地攻入城内，毙敌 200 余人，其余的都缴械投降，县长王少渠被活捉。4 月 9 日黎明，确山县城头升起农会会旗，人们欢声雷动，载歌载舞，庆祝确山农民暴动的胜利。

确山农民暴动胜利后，随即成立了国民党确山党部。杨靖宇、张家铎、张耀昶等人任执行委员。在这些执委中，只有杨靖宇是青年团员，其余均为共产党员。根据杨靖宇在确山暴动中表现出的非凡的领导才能和他极大的革命热情，1927 年 5 月 5 日，中共驻马店特支批准他加入中国共产党。

正当杨靖宇参与领导的确山农民运动如火如荼地开展之时，汪精卫在武汉发动了七一五反革命政变，使刚刚兴起的确山斗争遇到严峻的考验。那些与杨靖宇等共产党人合作的红枪会，对革命的态度也发生了转变，纷纷脱离共产党的领导，反动势力趁机卷土重来，举起屠刀又扑向人民。不久，确山四大劣绅纠结反动武装2000多人包围了确山县城，杨靖宇几次“传牌”各路红枪会首领均不理会，仅靠县治安大队200多人进行反击。经过一天的激烈战斗，终因敌众我寡，杨靖宇率县农运领导机关撤出县城，转移至刘店、洪沟庙一带农村开展活动。

9月中旬，中共河南省委根据中共中央政治局八七会议精神，决定发动豫南农民秋收起义。10月下旬，杨靖宇、李鸣岐在确山与汝南交界的沙河南岸杨张庄，召开中共豫南特委确山办事处和中共确山特支扩大会议，决定起义地点定在刘店镇，杨靖宇任总指挥。11月1日，天将破晓，武装农民起义军冲开刘店东西寨门，进入寨内，包围了反动军阀团部，经过2个多小时激战，起义大获全胜。10日，中共确山县委在刘店举行扩大会议，决定建立确山农民革命军，杨靖宇任总指挥，李鸣岐任党代表，下设4个大队，每个大队80人，并决定展开游击战争，不固守刘店一地。

刘店秋收起义的胜利，使确山的新军阀大为震惊。先是驻军旅长张德枢派亲信来劝降，遭到杨靖宇的断然拒绝和嘲笑，后又纠集四大劣绅地主民团包围刘店。杨靖宇考虑到敌我力量悬殊，决定不与之决战，当夜突围转移。

11月14日，传来湖北黄麻起义成功的消息，杨靖宇认为:“革命形势喜人，让豫南红起来的时机已到！”于是，率领确山农民革命军向豫南信阳、罗山一带进军。11月底，杨靖宇接任豫南特委书记之职，同时负责军事工作。不久，在攻打王楼的战斗中，杨靖宇腿部负伤。他先是被秘密送往杨桥张庄治疗，为躲避敌人的搜捕，后又不得不四处转移，辗转于亲戚家中养伤。

1928年2月，遵照省委指示，杨靖宇、张家铎带领所部，与黄柏如、张胡子所率领的农民起义军700多人会师，正式成立中国工农红军豫鄂皖别动大队，杨靖宇任大队长兼政委。

自回乡组织农民运动一年多来，杨靖宇就很少回家看望母亲和妻儿，不但自己领导农民起义军辗转于豫南各地，家人也经常因遭到反动势力的追查而四处躲藏。4月26日，部队经过汝南时，杨靖宇顺便到妻子郭莲的娘家小郭庄看望母亲和妻子，他这才知道女儿出生已5天。妻子让他给女儿起个名字，杨靖宇考虑了一下便说，就叫“躲儿”吧。意思是不让女儿忘记国民党反动派的迫害，多次抄家抓人，让全家老小在李湾住不了，东躲西藏，躲到姥姥家。

妻子说:“好！就叫躲儿。”

接着，他又去看望了二叔和四叔。谁承想，这是杨靖宇和家人的最后一次见面。

1928年5月中旬，盘踞在豫南的新军阀张德枢不甘心豫南的广大农村地区被“赤化”，集中一个旅的兵力围攻豫鄂皖红军。鄂豫皖红军在杨靖宇的指挥下，连破敌人的三次“围剿”，缴获大量枪支弹药和粮饷。

秋初，中共河南省委在驻马店召开省委扩大会议，时任豫南特委书记兼别动大队大队长的杨靖宇出席了这次会议。会上，省委决定抽调一批干部到白区工作，于是杨靖宇化名周敏，到开封、洛阳、信阳等地开展地下工作。由于杨靖宇在河南名声太大，认识他的人太多，他曾三次被捕入狱，经营救出狱后，组织决定安排他易地工作。

1929 年 1 月，他参加了中共中央组织部在上海举办的中央第一期军政干部训练班，学习结束后，被派往满洲省。自此，杨靖宇只身闯关东，直至将满腔热血洒在了东北大地上。

闯关东 矢志驱日寇

矿工知心人　狱中勇斗士

1929年3月，广袤的东北黑土地，依然在冰雪覆盖之下。闲不住的杨靖宇一边等候工作安排，一边在奉天、大连两地巡视学生运动情况，走访有识之士。他了解到日本帝国主义在日俄战争后，从沙俄手里攫取了辽东半岛，又占据了南满铁路、抚顺煤矿、本溪煤矿等。同时为了适应环境，开始学习关东方言。

一天，联络员给杨靖宇带来新的任务：去抚顺煤矿开展工人运动。

下煤矿要用化名，杨靖宇说："执行省委指示，一以贯之。随母姓，就叫张贯一。"

为方便地下工作的开展，杨靖宇来到抚顺千金寨当上了“煤黑子”。

他与矿工兄弟同吃、同住、同劳作，很快建立了感情，取得了矿工兄弟的信任和爱戴。抚顺矿工多为山东人，杨靖宇便自称家住山东省曹州（今山东菏泽）。

矿上的一名老工人生了病，没钱治病，连饭也吃不上，就向工头提出借点钱，他不但没有借到钱，还被打了一个耳光。杨靖宇知道以后，立即赶到这个老工人家中，把自己仅有的两块银元交给老工人，让他去治病买米。

老工人感动得热泪盈眶，拉着杨靖宇的手说：“你来这些日子，我们都看出来了，你和别人不一样。”杨靖宇说：“我和你们一样，都是遭大罪受人欺的‘煤黑子’！”老工人与他说了许多知心话，此后他逢人就说杨靖宇的恩德。

工人们也发现，这个整天和大家一起干苦活、吃粗饭的“张大个子”，为人正直厚道，对待矿工亲如兄弟，工人们越来越愿意和他接近了，都亲切地叫他“山东张”。一些年轻的矿工见他的个子高、块头大，亲热地称呼他“张大个子”。工友们都把他当自家人，家里有什么苦楚向他诉说，有什么难处，就请他出主意、想办法。

杨靖宇从老矿工那里了解到，头年大山矿井暴发洪水，几百名工人被活活淹死。日本鬼子资本家变本加厉，对矿工非打即骂，逼迫延长工作时间，根本不把中国矿工当人待。杨靖宇与抚顺地下党支部取得联系，决定组织工人举行罢工。

1929 年 5 月 1 日，在杨靖宇的领导下，3000 多名矿工挥舞着钢钎、榔头、大镐，从四面八方涌向日本鬼子资本家的“采矿所”，高呼口号，提出合理要求。

罢工持续了 3 天，日本矿主只好妥协，答应了矿工的要求。杨靖宇领导工人为争取正当权益而开展的斗争取得了胜利，打击了日本资本家的嚣张气焰，也为工人运动培养了一批骨干，使这里的工人斗争有了新的发展。

7 月 14 日，刚刚正式到任中共满洲省委书记的刘少奇抵达沈阳后，秘密召开了与省委干部会面会。会上，与杨靖宇进行了长谈，就他回上海还是在满洲工作的问题征求意见，杨靖宇表示愿意留在满洲工作。刘少奇谆谆嘱咐道：“一项新的工作必然会存在许多困难，一个共产党员就必须想办法，克服与战胜这些困难。”短短的几句话，饱含着沉甸甸的信任和期望。随后，省委派杨靖宇任抚顺特支书记。同时共青团省委派马守愚（化名王振祥）任抚顺共青团支部书记。

8 月 30 日晚，刚刚从地下联络站取得省委文件的杨靖宇，回到福合客栈自己的房间，房门突然被撞开，两名持枪的日警闯了进来，不由分说，就将他逮捕带走，关押在抚顺新站七条通拘留所的一个单人监号里。

当天，日本警察署刑事横畑武吉就对杨靖宇进行审讯。他假惺惺地示意翻译官，指着一把椅子“请”杨靖宇坐。

“你的原籍在什么地方？”

“我是山东省曹州府人。”

“你什么时候入党的？”

“我来千金寨，想开个杂货铺。”

这一问一答，答非所问，横畑没问出什么名

堂，便直截了当地问道："煤矿的罢工，华工街、老虎台的传单你的知道？"

杨靖宇回答："我什么也不知道，从来未听说那件事。"

横畑见杨靖宇拒不招供，拽起杨靖宇的脖领子就问："你是共产党，通通讲出来！"

杨靖宇回答："什么是共产党，我不知道。"

几个小时过去了，敌人见逼问不出什么来，就警告说："警察署有物证，还有人证，你要好好考虑。"

果然，敌人拿出在杨靖宇住处搜出的文件等印刷品。杨靖宇面对这些"证物"沉着地回答："印刷品是我的，但那是别人给我送药时留下的，我并不知道是什么材料，我若是共产党，怎敢把那违禁东西放在明处呢？"

敌人见杨靖宇仍不屈服，就将叛徒王振祥拉到审讯室与杨靖宇当面对质。在大义凛然的杨靖宇面前，叛徒也无话可说。

原来，在一个多月前，王振祥和其部下在老虎台煤矿附近散发反日传单时被捕，挺刑不过而背叛，供出了杨靖宇和其他 11 名党团员。

敌人对杨靖宇进行轮番审讯，并对他施以酷刑，往他鼻子里灌煤油和辣椒水，坐老虎凳，压杠子，上大挂，坐水牢，一连折磨了五六个昼夜。尽管如此，他始终不泄露党组织机密，冷静、沉着地应对敌人。

虽然杨靖宇拒不招供，但是日本警察署还是以“搅乱抚顺之治安、宣传共产主义、以期中国方面之大变革”的罪名，于 1929 年 9 月 28 日将杨靖宇引渡给国民政府抚顺县公安局。

在看守所，杨靖宇积极活动，感化看守，不久就当上了可以在炊场（厨房）、缝纫场、医务所等处自由活动的杂役头。他利用这一便利条件，积极宣传反帝爱国的道理，引导狱友团结斗争。

在同狱中，有一个叫赵小六的“犯人”，是被一个姓王的地主老财诬陷为“纵火犯”而投进监狱的。杨靖宇了解到，是因赵小六曾经为王老财给胡子送过一封信，使得王老财的仇人于八爷家遭到抢劫，事后而蒙冤入狱。杨靖宇听后提笔替赵小六给于八爷写了一封信：“小侄被本村王老财所害，正

在奉天蹲大狱。如你能帮我打官司，我可将你被抢的拉线人提供给您。”接到此信后，于八爷立即来与赵小六相见。赵小六说明情况后，于八爷随即到警察局将王老财勾结土匪诬陷赵小六的事实告发。王老财很快就被拘审，赵小六被无罪释放，而且判王老财给赵小六退还 3 亩地，并赔偿他蹲监狱的损失费 300 元。赵小六被释放这天，给杨靖宇叩了 3 个响头说:“我全家一辈子也忘不了你的大恩大德！”这件事之后，大家更对“大老张”刮目相看。

监狱里的狱吏层层克扣伙食，到“犯人”嘴里的饭菜所剩无几。为了改善生活待遇，杨靖宇经常组织“犯人”与狱吏进行斗争。1931 年春节，监狱为了表示他们所谓的“仁政”，决定在大年初一给“犯人”吃一顿白面馒头，外加一碗猪肉炖粉条。但杨靖宇在炊场发现，馒头里掺了 1/3 的苞米面，菜里也没有几块肉。杨靖宇决定借此机会组织狱友开展一次斗争。

大年初一清晨，当狱中杂役将饭菜拿来之后，所有的“犯人”都不去打饭。看守们见状，立即报告给狱监。狱监派一名科长来听“犯人”的要求，杨靖宇代表“犯人”就饭菜质量提出质疑。典狱长怕“犯人”闹事，被迫答应大家的要求，他让大家先吃饭，保证做一餐白面馒头，初二给大家补上，同时上足够量的炖猪肉，并表示今后的伙食一定按规定供给。这次争取权利的斗争又取得了胜利。

1931 年 4 月下旬，杨靖宇被释放。出狱后的第三天，互济会的一位同志被捕，敌人在这位同志的日记本上发现了张贯一的名字和住址。杨靖宇再次被投进监狱。这是杨靖宇第五次入狱。

九一八事变爆发后，中共满洲省委利用时局动荡的有利时机，向中央请拨一笔经费，花钱疏通“关系”，把杨靖宇等一批共产党员从狱中营救出来。杨靖宇终于结束了两年零 3 个月的监狱生活，随即又投入了新的战斗。

他像一团火，走到哪里就把党的温暖带到哪里，他在哪里，那里的一盘散沙就会凝聚成一块坚石；他把爱国的理念播撒在每个工友的脑海中，他用浅显的道理激活每个人身上斗争的基因。

更名改姓稳军心
四破“围剿”扬威名

1932 年 1 月初，杨靖宇来到哈尔滨中共满洲省委的秘密驻地，他和省委组织部部长何成湘接上头，汇报了自己在沈阳两次被捕入狱的经过。

“你觉得做什么工作合适？”何成湘问。

“做反日武装工作最合心愿。”杨靖宇回答。

何成湘说：“要做反日武装工作好！但目前满洲的党组织还没有自己的军队，中央指示由省委来组织自己的工农武装。省委决定由你接替冯仲云的反日总会党团书记工作。”

对杨靖宇来说，这是最重要，也是最有意义的工作。东三省沦陷后，祖国的山河被割裂，中华民族遭践踏，人民遭残害。不能当亡国奴！他要号召广大的人民群众团结起来，共同一致去抗日。

杨靖宇领导哈尔滨市党团组织和反日会积极开

展工作，动员青年学生、知识分子参加义勇军，发动群众开展罢工、罢课、罢市、集会，给刚刚出笼的汉奸伪政权以沉重的打击。他在协助省军委书记周保中起草的《发动群众抗日救国组织人民武装进行游击战争提纲》中呼吁：东北人民迫切需要并且有条件武装自己，拯救自己，对日寇进行较长期的游击战争。

1932年9月，中共满洲省委根据工作需要，决定由杨靖宇兼任省委军委代理书记。从此，他把全部精力投入建立党领导的抗日武装力量，领导开展东北抗日游击战争的工作中。11月，杨靖宇以中共满洲省委特派员的身份，到南满磐石、海龙等地巡视指导工作，开始了领导南满抗日游击战争的艰苦历程。

九一八事变后，中共磐石中心县委在原保卫县委机关"打狗队"的基础上，建立了"磐石工农反日义勇军"，组织和发动了三次大规模的反日斗争，激发了当地人民群众的反日爱国热情。由于他们缺乏武装斗争经验，几次失利之后，致使部队思想混乱，士气低落。就在这个关键时刻，党派杨靖宇到南满巡视并整顿党所创建的磐石、海龙等地的游击队。

11月中旬，杨靖宇抵达磐石后，立即与游击队员广泛接触，深入各地了解情况，向战士们宣传抗日的道理，指出“群众是游击队的命根子”，很快在队员群众中建立起了威信，被誉为“庄严的政治家”。杨靖宇主持召开了游击队党组织扩大会，根据省委指示，将游击队改编为中国工农红军第三十二军南满游击队，孟杰民任总队长，初向臣（楚清华）任政委，李红光任参谋长。确定部队任务是：在磐石、伊通等地开展游击战争、开辟游击区、创建根据地。

在部队组织抗日活动方向问题上，当时有两种意见，一些人认为应回磐石，那里群众基础好；另一些人则认为应由桦甸进军东满，万一环境进一步恶化也可暂时退入苏联。在一次党小组会上，两种意见争执不下。这时，屋内灯油已尽，灯火渐小，杨靖宇指着快要燃尽的油灯说：“你们看这盏灯，没有碗就盛不住油，光有碗没有油，灯就点不着。咱们游击队也是这样，没有根据地就像没有家。我们是磐石的子弟兵，在那里土生土长，那里山深林密……我们为什么要做没有油的灯芯？”经杨靖宇这样一说，大家都觉得有道理，思想豁然开朗，深感发展抗日武装，离不开群众的参与和支持。于是同意回到磐石，在玻璃河套、红石砬子一带发动和依靠群众，建立根据地，开展抗日游击战争，使这支抗日武装走出了困境。

经过整顿的南满游击队面貌大有改观，战士们斗志昂扬。然而，由于战略上的失误，1933年1月，游击队总队长孟杰民在攻打磐石大地主武装张辅卿的战斗中牺牲。不久，游击队代理总队长王兆兰、政委初向臣又在进攻东吉昌子地主武装高锡甲的战斗中牺牲。

初见转机的游击队，在连续两次战斗失利后，情绪再度回落，部队人数锐减。到海龙巡视工作的杨靖宇回到磐石后，严肃地批评了一些干部的悲观情绪，鼓励大家坚定抗日到底的信心和决心。

杨靖宇主持召开磐石县委会议，组织召开追悼大会，悼念游击队建立以来为抗日救国牺牲的战士，号召“我们未死的同志们，应脚踏着死者的血

迹走上前去，完成革命伟大任务”。中共满洲省委决定重新整顿游击队，杨靖宇任政委，袁德胜代理总队长。为便于工作，稳定部队情绪，他考虑到因伤离队的首任磐石工农反日义勇军政委姓杨（杨君武），人称杨政委，于是，自己也改姓为杨，让大家称呼他为杨政委，把张贯一的名字改为杨靖宇，以表平定宇内、抗战到底的决心。从此，杨靖宇的这个名字传遍白山黑水、长城内外，也一直传诵至今。

杨靖宇率领部队一鼓作气，在 1933 年春节前夕，进攻蛤蟆河子反动地主武装，逮捕反动地主 5 名，缴获数十支枪和一批猪羊、粳米、白面、衣服等物品。在铁路工人的配合下，杨靖宇又率领部队攻击老爷岭的日军守备队，击毁铁甲车 1 辆，毙伤日军 9 人。两战皆胜，使全体游击队员士气大振。

在南满游击队的打击下，日伪当局深感南满游击队对其统治的威胁。时任伪吉林省省长的大汉奸熙洽，在 1933 年 1 月下旬，叫嚣要利用冬天树木落叶之机，发出“围剿”抗日武装的通令。由日伪军组成的“讨伐队”相继开进磐石山区，对南满游击队和其他抗日武装进行“围剿”。

1933年1月30日，投靠日伪的两支土匪武装由日军督战，对南满游击队实施合围。一支是驻烟筒山的“东江好”，另一支是驻吉昌子镇的“毛团”，两股匪徒共纠集千余人进攻玻璃河套根据地。杨靖宇指挥游击队沉着应战，一面组织火力猛力反击，一面让战士对敌人阵地喊话：“红军是穷人的队伍！”“劳苦兄弟联合起来，去打共同的敌人——日本帝国主义！”游击队员凭借有利地势，越战越勇。猛烈的反击和强大的政治攻势，打败了土匪的进攻，毙敌20多人，游击队员牺牲1人、负伤1人。粉碎了敌人第一次“围剿”，显示了南满红军游击队应有的战斗力。

不甘失败的敌人经过近一个月的休整，在2月28日又对南满游击队实施新一轮“围剿”。当时南满游击队驻在砖庙子，“东江好”和“毛团”700余人由日军督战，悄悄包围了游击队。杨靖宇指挥游击队避开敌人锋芒，有计划地退到碱草沟山顶设伏，当敌人靠近时，突然向敌人猛烈开火。经过3小时激战，击毙敌人12名，击伤10名，游击队员牺牲1人、负伤1人。敌人落荒而逃，游击队又以较小的代价大获全胜。

伪军“讨伐队”两次“围剿”行动失败后，日本侵略者决定亲自出马。3月底，日军守备队700余人，携带山炮、机枪等轻重武器，从磐石县城出发，开向玻璃河套，对南满游击队驻地杨宝顶子形成包抄之势。

杨靖宇根据已掌握的敌军情报，在杨宝顶子至玻璃河套长达10余公里的地方分别隐蔽布阵。当日军进入游击队的伏击阵地后，杨靖宇一声令下，早已埋伏这里的游击队员一齐向敌人开火。刹那间，枪声大作，杀声四起，使敌人惊慌失措。敌人在大炮和机枪的掩护下，向游击队阵地冲来。游击队员从容迎战，瞄准冲在前面的敌人猛烈射击，后面的敌人连滚带爬地败下阵去。敌人的数次进攻，都被游击队击退。夜幕降临，日军狼狈撤回，毙伤包括守备队长在内的日军20余人，游击队无一伤亡，南满游击队第三次大获全胜。

这次反“围剿”的胜利，极大地鼓舞了游击队员，当地群众也兴高采烈。当地群众说，只有共产党领导的红军游击队才是真正彻底的反日武装，只有红军游击队才有这样的战斗力，才能给敌人沉重的打击。

到 4 月底，敌人再一次派出重兵，从小城子直扑南满游击队驻地萝卜地。杨靖宇获悉后，率领南满游击队迅速前出至敌人的必经之路大泉源埋伏起来。中午时分，敌人杀气腾腾地扑向萝卜地，在经过大泉源时，突然遭到游击队的迎头痛击。敌人惊慌失措，就地架起三门迫击炮、七八挺机枪顽抗。就在这时，敌人背后枪声大作，敌人慌作一团。原来，与敌人交火后，杨靖宇见正面压制敌人的火力已绰绰有余，便抽出人员组成两个小分队，一队迂回到敌人背后，一队在敌人逃跑的必经之路上设下埋伏。敌人见正面冲击无法得逞，又遭背后围攻，便急速集合队伍夺路而逃，溃逃时又遭杨靖宇早已安排等候的部队迎头痛击。这一仗，毙敌 10 余人，伤 20 余人，游击队无一伤亡，再一次大获全胜。

在四次反“围剿”中，杨靖宇表现出优秀的军事指挥才能，他率领的南满游击队打出了中国共产党领导的抗日武装的威风，磐石、海龙、伊通等地群众争相传颂着杨靖宇的传奇故事。

转战白山黑水

南渡辉发江　巧战伪匪头

1933年9月18日，在九一八事变两周年之际，根据中共满洲省委指示，中共磐石中心县委在磐石召集南满游击区和南满游击队代表会议，正式将红军第三十二军南满游击队改编为东北人民革命军第一军独立师，杨靖宇任师长兼政委，李红光任参谋长，宋铁岩任政治部主任。下辖第一团、第三团、政治保安连、少年营，共380余人。杨靖宇起草了《东北人民革命军独立师纲领》，并宣告："磐石赤色游击队过去、现在和将来，都为驱逐日本一切海陆空军出满洲、收复东北而战，为中国民族独立解放与国土完整而战，为推翻'满洲国'统治，建立民众自己的政权而战，为东北三千万民众的胜利而战。”

独立师的发展壮大，引起了日本侵略者的恐慌。独立师成立不久，日军连续发起针对杨靖宇领导的独立师的三次“大讨伐”。此时，日本侵略军不但已经占领包括热河的东北全境，而且通过《塘沽协定》切断了东北与内地的联系，迫使国民党当局事实上承认了伪满洲国的存在。在自认为已解除“后顾之忧”之后，日本侵略者对东北人民的抗日斗争进行了更加疯狂的镇压，尤其把磐石地区各路抗日武装活动作为心腹大患。

10月，日伪军万余人对磐石、伊通、桦甸等县抗日游击队根据地进行为期40天的“讨伐”，对各村各镇实行毁灭性血洗，并用飞机搜寻目标进行狂轰滥炸。

面对敌人的步步紧逼，杨靖宇认为，要转变过去保守和死守较狭隘区域的思想，去团结江南各抗日义勇军武装力量，扩大新的更广阔的游击区域。他不顾身患肺病，率领独立师司令部政治保安连和第三团八连、九连指战员，从磐石玻璃河套生财沟出发，经小城子、石嘴等地，在黑石镇附近突破敌人防线，直奔辉发江而去。他让独立师第一团仍留守磐石、伊通等地坚持斗争，钳制敌人。

为加强县委力量，杨靖宇还调来中共满洲省委常委金伯阳随独立师活动，在部队内开展党的工作。

雪后初冬，寒气逼人，辉发江上已结上了一层薄冰，大多数战士尚未穿上棉衣。杨靖宇用枪托砸开薄冰，坚定地对大家说：“这道江，我们一定要过去。我们连枪炮都不怕，能叫江水吓倒吗？”说完，他把自己的马让给个子矮小的同志，第一个跨入齐腰深的冰水中。

战士们纷纷跳进结冰的江中，破冰涉水而过。寒冷的江面顿时卷起一阵热浪。大家互相勉励着、搀扶着，跟着杨靖宇迅速渡过了辉发江。

杨靖宇挥师南渡辉发江，与海龙游击队会合后向柳河进军，日伪急调伪军第六混成旅独立三营进行“追剿”。营长邵本良曾当过土匪头子，后来被东北边防三十八旅收编。九一八事变后，他死心塌地投靠日本侵略者。

这人诡计多端，心狠手辣，恶贯满盈，在柳河、金川一带犯下累累罪行，而且他的部队装备精良，熟悉当地地形环境，是伪军中的精锐。他据守的三源浦、凉水河子、孤山子等军事据点，都驻有重兵，一些小股义勇军都轻易不敢靠近。

邵本良听说红军挺进辉发江南，满不在乎地扬言要与杨靖宇较量较量，以显示一下他的身手。

杨靖宇率部前往柳河途中，在金川碱水顶子遭到邵本良部的袭击。战斗中，随部队活动的省委常委金伯阳等 4 位同志牺牲。

金伯阳的牺牲，点燃了独立师官兵们心头的怒火，为烈士报仇，为当地人民除害，成为全体南下部队的一致呼声。杨靖宇全面分析了邵本良的军事布局、行动规律和心理特征，决定把攻击目标首先指向三源浦这个重要据点。

三源浦位于通化、柳河、金川三县交界处的柳河县境内，群山环抱，地势险要，易守难攻。邵本良是不会想到杨靖宇敢把打击目标首先选在这里的。杨靖宇恰恰利用敌人的这种心理。

1933 年 11 月 24 日晚，杨靖宇采取声东击西、调虎离山的战术，派出别动队，突然佯攻邵本良的后勤基地凉水河子。邵本良闻讯后，立即率部扑向凉水河子，仅留下第九连驻守三源浦。杨靖宇见邵本良已中计，于是指挥独立师主力长驱直入向三源浦发起猛攻，“袭击日帝狗窝”。战斗打响后，200 多名战士如从天而降，城内伪军乱作一团。独立师一举占领全镇，击毙日本驻通化“领事馆”总稽查和 3 名汉奸，俘敌 30 余人。还捣毁了伪铁路工程局和伪警察署，焚烧伪军营房，缴获一大批冬装、棉被及其他军需物资。

杨靖宇率部攻占三源浦后，全体指战员立即开展抗日宣传工作。大家沿街张贴标语、布告，召开群众大会，揭露日本帝国主义的侵略罪行，宣传中国共产党的抗日主张，说明人民革命军抗日救国的宗旨，号召广大人民群众以各种方式投入抗日救国斗争。全体指战员对待人民群众和商店业主和蔼可亲，纪律严明，秋毫无犯，深深地感动了当地群众。

杨靖宇率部于次日撤离三源浦时，街内商户纷纷杀猪设酒，送米送面。活动在这一带的抗日义勇军也纷纷与杨靖宇联络，希望与杨靖宇率领的部队联合作战。

三源浦失守，邵本良又气又恨。伪第六旅旅长廖弼辰又在电话里把他大骂一顿，更使他恼羞成怒。于是他把所属的3个连共240人全部调出包围杨靖宇的驻地，同时又请来200多名鬼子支援，要与杨靖宇部一决雌雄，但又不敢与杨靖宇硬打，于是，邵本良想出一鬼招，他给廖弼辰写了一封信，说自己正带队在柳河县东部堵击杨靖宇，然后让送信的走大路，故意让杨靖宇部哨兵俘获。杨靖宇一直在监视邵本良的一举一动，那封信当天就由侦察员送到杨靖宇手中。杨靖宇和李红光看过信后，不约而同地笑了起来。

杨靖宇将计就计，给正准备从磐石率部南下的第一团团长袁得胜也写了一封信，说他近期获得邵本良的重要情报，即将东进消灭该敌，令袁得胜前来参战。信写好后，杨靖宇通过当地党组织在伪军中的“内线”，让其设法把信送到邵本良手中。邵本良得到杨靖宇的信后，心中暗喜，比杨靖宇信中约定时间早一天，便率全营到回头沟埋伏起来，准备伏击独立师。

杨靖宇得知邵本良的行动后，立即率队走小路，穿森林，夜间急行军 3 个小时，包围了邵本良的另一个据点凉水河子。敌人毫无戒备，连岗哨都在睡大觉。杨靖宇指挥部队先俘虏岗哨，然后解决炮台里的敌人，李红光带领政治保安连和机枪班，悄悄摸进伪警察署和伪保安队所住的屋子。敌人正在熟睡，枪都挂在墙上。战士们先把枪取下，李红光向屋内连开几枪，敌人从梦中惊醒，顿时乱成一团，不一会儿都乖乖地当了俘虏。独立师占领凉水河子，枪毙了罪大恶极的汉奸，缴获了大批军需物资。

正在回头沟苦等杨靖宇的邵本良，突然接到杨靖宇巧取凉水河子的报告，不觉大惊，他气急败坏地率队急奔凉水河子，但当他赶到时，杨靖宇已消失得无影无踪。从此，一种恐惧的阴影深深地笼罩在邵本良的心头。

几次交锋连吃败仗后，原本十分狂傲的邵本良部被独立师的游击战术摆布得疲于奔命，士气低落。只得向其上司报告：“红军大概有 500 人，加上胡子共有1000来人吧，的确不容易打，他不像胡子那样一打就跑，他会反攻，打也打不退，就我们现在这500来人是打不了他们的。”邵本良还这样叹道：“我邵本良一生也够鬼了，但杨司令比我更厉害。我的兵打胡子一个能打十个，打红军就不行了，十个人也打不过他们一个！”

抗联崛起　第一军建立

南渡辉发江后的节节胜利，极大地鼓舞了南满地区人民开展抗日斗争的信心，西南一带潜伏着的雄厚的抗日力量，渐渐活跃了起来，纷纷要求加入杨靖宇所领导的抗日武装，共同抗日。

1934年2月，包括杨靖宇本人在内的17支抗日武装的首领，云集临江县城墙砬子街召开会议，一致同意成立东北抗日联合军总指挥部。

杨靖宇以中共满洲省委代表的名义首先讲话，他分析了东北的形势，阐明了中国共产党的抗日主张，告诫各路抗日首领："斗争将是长期的，今日联合，万不可遇难而退。"各路抗日军首领纷纷表示："拥护中国共产党的坚持抗日主张，不分见解、不分信仰，枪口一致对外打击侵略者！联合起来！胜利是属于我们的！"

会上，一致通过《南满抗日联合军斗争纲领》，还郑重投票选举杨靖宇为总指挥，李红光为总参谋长，宋铁岩为政治部主任。会议还一致同意取消山头，统一编成南满抗日联合军序列，共 8 个支队。这是一个完全由共产党领导、在广泛统一战线基础上建立的抗日领导机构。至此，以人民革命军第一军独立师为骨干，南满地区的各主要抗日武装力量基本上联合起来了。

消息一传开，东边道已沉寂一年多的抗日局面也活跃了起来，许多潜伏在长白山地区的自卫军、义勇军、国民救国军等，从蛰伏的森林山寨里涌出来，纷纷表示愿意与"扛鼎扬旗"的杨司令共同抗日。

杨靖宇对各路抗日首领晓以民族大义，昭以爱国情怀，建立友谊，肝胆相照。

贫农出身的朱海乐为生活所迫，结壮为伍，杀富济贫。日本侵略我国东北地区后，朱海乐怀着对日本侵略者的满腔怒火，率队与日伪军厮杀，但因势孤力弱，屡屡失利。当朱海乐听说杨靖宇率领的人民革命军常常把日伪打得晕头转向时，十分佩服，总想见见杨靖宇和他领导的东北人民革命军第一军。

杨靖宇知道朱海乐的情况后，主动前往会面。杨靖宇向朱海乐介绍了中国共产党“团结一致，共同抗日”的方针，然后形象地说：“你姓朱，我姓杨，咱们是‘朱羊’一圈，日本霸占咱们东北肯定是既杀‘猪’（朱）又宰‘羊’（杨）啊！”又说：“只要我们各股抗日队伍团结起来，拧成一股绳，人多势众，力量增强，就能够打败日本鬼子！”

杨靖宇让随行人员把两支步枪送给朱海乐，权作纪念，以铭共同抗日之志。

朱海乐见杨靖宇不仅深谋远虑，而且实实在在，深受感动。他见杨靖宇腰间挎的是一支旧式三号匣子，便说：“杨司令，我用的是大镜面匣子，它狗头大，通天档，金机满槽，打起来百发百中，

是我心爱之物。可惜，这支枪在我手里没有多大用途。今天我送给您，表示我抗日的心意，请司令收下。”

杨靖宇说：“朱团长太谦虚了。我只收下你决心抗日的诚意，这支枪在你手里一样有用。”

朱海乐见杨靖宇不肯收枪，就说：“如果杨司令不收我的枪，那就是看不起我朱某人。”

杨靖宇见盛情难却，只好把枪收下，然后解下自己的匣枪说：“既然这样，我们就把自己的枪作为团结抗日的信物，互相交换，留作纪念吧。”朱海乐十分高兴，双手接过了杨靖宇的匣枪。

与朱海乐经历相似的还有田麟，这位长白山的木工、抗日义勇军领导人，在经历过艰难、失败和痛苦的煎熬后，始终不忘自己为国雪耻曾发过的铮铮誓言，但又深感势单力孤，力不从心，直到看到杨靖宇领导的共产党的抗联军队，才真正看到抗日的力量和希望，不禁发自肺腑地主动要求：“我要跟共产党走，请给我派个政委吧！”

后来，田麟加入了中国共产党，任抗联第一军五团团长，逐渐成长为一名英勇善战的优秀指挥员，1939 年在一次战斗中壮烈牺牲。

辽宁民众自卫军第十九路军总司令王凤阁，于 1934 年 5 月 4 日与杨靖宇会见，两位司令彻夜长谈，达成 7 项共识，最后签署了共同抗日协约。

抗日虎将阚子祥，于 12 月上旬邀请杨靖宇见面，在他的强烈要求下，杨靖宇将其所部改编为南满抗日联合军第四师。

杨靖宇领导的东北人民抗日斗争胜利的消息，在全国也产生了积极的影响。1934 年 1 月 22 日至 2 月 1 日，中华苏维埃第二次全国代表大会在江西瑞金召开，杨靖宇虽未参加这次大会，但在会上仍当选为中央执行委员会委员。

满洲省委书记何成湘参加了这次会议。回来后，杨靖宇专程去哈尔滨，听取了会议精神的传达，以及党中央对东北工作的指示，使杨靖宇更加坚定了领导东北人民抗日联军与日本侵略者战斗到底的坚强决心。

1934 年 11 月 5 日，杨靖宇以省委代表的身份，在临江县四道沟岔主持召开了中共南满地区第一次代表大会，他传达了党中央和满洲省委的指示。根据中共满洲省委指示，中共南满临时特委成立，杨靖宇为特委常委，并领导组建东北人民革命军第一军的工作。11 月 7 日，由独立师扩编的东北人民革命军第一军正式成立。杨靖宇被一致推举为军长兼政委，朴宗翰任参谋长，宋铁岩任政治部主任，马占源任军需处长。下辖 2 个师和 1 个游击大队，保卫队和教导队直属军司令部领导。全军编制 1500 人，另有直接领导的义勇军武装近千人。

这是南满地区乃至东北抗日斗争史上的重要标志性事件。东北人民革命军第一军在杨靖宇的率领下，采取分散方式发动群众，不断拓展和巩固抗日根据地，与敌展开游击战争。第一师师长李红光，带领部队以龙岗山脉一带为后方根据地，在临江、通化、柳河、兴京等地开展活动；第二师师长曹国安，带领部队在辉发江南的濛江、金川、抚松等地开展活动；杨靖宇率军部和直属部队在通化、柳河、濛江、金川等地活动，领导和指挥全军的抗日斗争。

炼就铁军　痛击邵本良

杨靖宇率领的东北人民革命军第一军在实战中不断发展壮大。1935 年 8 月，日本侵略者提前开始了旨在消灭杨靖宇第一军的秋冬季“大讨伐”行动。

针对日伪的军事进攻，杨靖宇决定采取既不固守游击区，又不放弃游击区的作战方针，同时，通过寻找战机，检验部队的战斗力，培养干部在实战中学习战争。他兵分两路，一部往东，一部往西，冲破敌人包围，把开创游击区和巩固游击区结合起来。

早在 1935 年 4 月末，杨靖宇西巡到达兴京都督伙洛附近的闹枝沟岭，这里也是西进部队约定的集结地。各部陆续到达后，杨靖宇从作战参谋安光勋那里了解到，第一师集结的兵力已达 550 人。为检验第一师的作战能力，杨靖宇召开军事会议，决定利用闹枝沟的地势，进行一次实战演习。恰巧得到情报说，日军 1 个守备中队 200 多兵力，乘 6 辆汽车从陵街出发，正前往桓仁铧尖子“讨伐”，闹枝沟岭是必经之地。

杨靖宇将这一情报交给第一师党委讨论。第一师师长李红光可不想错过这个大好机会，高兴地说:“正是实战演习的好靶子。”于是制订作战计划:参谋长李敏焕带所部步骑 200 多人主攻，由赵文喜大队出动，范喜明小队 20 人配合，其余部队埋伏在都督伙洛至岔路子一线观战。

鬼子的车队沿山路呼啸而来，首先出击的是范喜明小分队。他们埋伏在山坡两侧，当敌人汽车走到伏击地点时，他们将事先伐好的木头一齐推向山路，砸翻第一辆驶来的汽车，使后面的汽车前后相撞。一时间，鬼子兵大乱。这时，李敏焕带领步兵、骑兵迅速从山路两侧冲杀下来，不一会儿，鬼子被全歼。杨靖宇十分赞赏这次实战演习，号召全军向第一师学习。

要炼就铁军，不仅要有英勇顽强的士兵，更要有智勇双全的指挥员。在杨靖宇的策划指导下，第二师师长曹国安也在有计划有目标地进行游击大练兵。他们把伺机袭击柳河县城邵本良第六团作为靶心，以检验部队“后方大整军”的成效。练兵口号是：“痛打邵老狗，歼灭汉奸队！”

1935年8月中旬，当部队行至柳河县城南时，杨靖宇派出三人侦察组进城，捉回一个伪警察。经审讯得知，邵本良已知杨靖宇的部署，他保护第六团心切，特地从三源浦调来伪军二三百人，使城内敌人兵力增多。于是，杨靖宇与曹国安研究后，决定改变作战方案，只用一支小部队佯攻柳河，故意暴露行踪，吸引敌人外出追剿，而在柳河与清原交界的黑石头摆下口袋阵。

杨靖宇率领部队向柳河县城西南方移动，敌人发现后，邵本良果然派出第六团两个精锐营及伪保安队跟踪而来。他们一路向西行进，还找来在这一带活动的抗日义勇军四海山部联合对付敌人。

杨靖宇率部急行，敌人在后面紧追不舍。到了第三天，侦察员向杨靖宇报告：“敌人离我们只有30里路了，明天就可能赶上我们。”

杨靖宇召开会议进行研究部署行动，还特邀四海山部参加。杨靖宇说：“我们老早就想消灭这些敌人。前些日子他们钻到县城里，我们不好打他，现在把他引出洞，就好收拾他了。这一带地形很适合打伏击，我们就在黑石头这个地方消灭他！”

8月20日天还没亮，部队就向黑石头进发了。到达预定地点后，杨靖宇和曹国安指挥部队埋伏在离大路只有几米的山脚下。这里蒿草茂密，战士们分散埋伏在蒿草里，准备袭击敌人。安排四海山部隐蔽在南面的河谷里，准备阻击逃跑之敌。

当队伍全部隐蔽好后，杨靖宇带领警卫人员进入设在北山上的指挥部，第二师师长曹国安则带领两个警卫员到包围圈入口处的小山上监视敌人，商定待敌人队尾进入我军伏击阵地后，由曹国安鸣枪作为行动信号。

曹国安骑在小山峭壁的树根处，透过满山柞树，可以清楚地看到山下的大路。正值初秋时节，蚊子、小咬、瞎虻也是最凶猛的时候，团团围住战士们叮咬，驱不散，赶不走。天气又闷又热，草丛树林中更是连一丝风也没有。大家这才觉得时间难熬。

上午10时左右，大路上出现了敌人踪影。他们懒洋洋地走来，不一会儿，走在前头的敌人进入了伏击圈，他们离潜伏在草丛中的战士很近，就连说话声、脚步声、水壶的撞击声也能听得到了。邵本良这次派出骑兵、步兵共500多人，黄乎乎、密麻麻地排成一大趟。眼看敌人就要全部进入伏击圈了，曹国安举枪“砰，砰，砰”，顿时，四周枪声大作，敌人还没缓过神来就死伤一片。隐藏在草丛里的抗联战士们一跃而起，端着刺刀冲向敌人群。“冲啊！”“缴枪不杀！”……震耳欲聋的呐喊声，吓得敌人四散奔逃。

这次战斗打得干净利索，仅用半小时就结束了战斗。战斗中，毙伤伪军百余人，俘虏80多人，缴获枪支、战马及大批军需物资。

这一仗不仅给邵本良部沉重的打击，也锻炼了部队，鼓舞了士气，扩大了红军的影响力。

被俘的伪军说：“你们太厉害了，不等我们反应过来，就被俘虏了。”在对待俘虏方面，经过教育后，大多主动要求留下参加人民革命军，不愿留的就发给5元路费释放回家，使俘虏很受感动。

在这次战斗的影响下，伪军第六混成旅有 50 人改弦易辙，加入到抗日的队伍中。

邵本良得知部队遭袭，惊叹道："真想不到、想不到哇！一个杨靖宇就够难对付的了，咋又冒出来个曹国安，真是不可想象啊！"

9 月上旬的一天，军部秘书长韩仁和侦听到敌人一个情报，说是 11 日，邵本良旅部换防，运输队携带大量军需品，从柳河孤山子前往八道江。整个运输队由 40 多辆大车组成，除装载给养、服装、弹药等军用物资外，还有一些伪军官的眷属随行。

杨靖宇得到这一情报后，决定在旱葱沟设伏，截获这批军需物资。由王仁斋指挥第二教导团和柳河游击队埋伏于黄沟岭，他率领军部警卫团、直属机枪连随即启程，赶往旱葱沟。杨靖宇对大家说："我们连日来昼夜兼行，同志们都困乏了吧？但是，我们还要凭着素来的勇气和精神，来做这不可多得的工作。邵本良旅部带着许多军需品，要向八道江移防，他们必经这里，我们就在此地伏击他们。"指战员们精神振奋，决心打好这次伏击战。

部队在旱葱沟北坡大道两侧埋伏就绪，只等敌人运输队的到来。11日上午10时，敌人运输队进入我军伏击圈。由于车队距离拉得很长，等整个车队都进入伏击圈时，前面的3队尖兵已走出伏击圈。

战斗打响后，战士们个个像小老虎冲向敌群，敌人未作较大的抵抗就纷纷缴械投降，仅一名副官逃跑，其余全部成了俘虏。这次战斗缴获大量军需品和包括迫击炮在内的大量日本新式武器，还俘虏了邵本良的小老婆和大儿子邵会丰，杨靖宇亲自审问并进行策反，然后将其全部释放。

从三源浦到旱葱岭，邵本良屡战屡败、损兵折将，日寇逐渐对他的能力和“忠诚”产生怀疑，遂指使马某诬告邵本良，1935年冬将其逮捕入狱。

1936年1月13日，杨靖宇率部在通化大泉源国歼日军广濑部队，击毙日军12人。这使日本侵略者又想起了邵本良，再次起用他“围剿”杨靖宇领导的抗日武装。

就在此时，日本国内发生政变，日本裕仁天皇急调南次郎大将回国处理善后，派来曾任朝鲜、天津、上海驻屯军司令官的植田谦吉大将接任关东军司令官。

植田谦吉是个战争狂人，一上任即强化殖民统治手段，把东北视为日本侵略军“以华治华”“以战养战”的重要基地。为此，负责南满与东边道警备任务的关东军第一独立守备队部署“1936年春季大讨伐”，计划在3个月内“剿灭”南满红军。

3月21日，杨靖宇所部在辑安县腰营子用机枪打下日军配合邵本良部作战行动的飞机1架。恼羞成怒的日本侵略者调集重兵来“追剿”。4月9日，日伪军包围了杨靖宇率领的第一军军部，伪第一军参谋长满良和日本顾问武田乘飞机飞在空中指挥，妄图一举消灭杨靖宇部。

夜幕降临以后，杨靖宇指挥部队开始向东南方向转移，神不知鬼不觉地跳出了敌人包围圈。随后邵本良奉命纠集伪军混六旅1000余人，在飞机的配合下，日夜追击杨靖宇部。杨靖宇决定采取疲敌战术，诱敌深入，伺机将其消灭。

4月16日，杨靖宇率领部队突然袭击了辑安县台上伪警察署和花甸子伪警察分驻所，将伪警察缴械。部队撤出后，便开始牵着伪军邵本良部在桓仁、本溪、兴京、宽甸等县一带长途奔袭，翻山越岭转大圈。敌人被杨靖宇部拖得疲惫不堪，便造谣说：杨靖宇身负重伤，杨靖宇部被追得溃不成军，四下逃窜，近日即可“剿灭”。

有的连干部着急了，给杨靖宇提意见，应尽快打掉尾追之敌，别叫他们跟在后面瞎咋呼，多难受，好像我们怕他们似的。

杨靖宇哈哈大笑说：“心急吃不了热豆腐。咱们早晚要找个机会和他算总账。现在咱们累，你知道吗，敌人更累。咱们领着他东转西转，肥的把他拖瘦了，瘦的拖得走不动了，到那时咱们再狠狠地揍他个够。”

4 月下旬，杨靖宇还命令部队将一些破鞋、破袜子、破衣服扔在路上，邵本良见了，以为杨靖宇部队真的“溃不成军”了，更是穷追不舍。

经过近 20 天的东奔西走，杨靖宇率部穿越 6 个县 1000 余公里，当抵达宽甸县双山子附近时，与第一师师部和少年营会合了，部队的总人数达到 500 余人，并有轻、重机枪 10 余挺，无论人数还是武器配备都远远超过尾追之敌，消灭敌人的条件已经成熟。

4月30日，部队在向北方老和尚帽子山区转移途中经过本溪县梨树甸子大东沟。见这里两山夹一沟，地势险要，杨靖宇决定在这里设伏，痛打尾追之敌。

下午1时，已经被拖得疲惫不堪的伪军邵本良部追到梨树甸子沟里时，突然遭到袭击，顿时乱作一团，他们左突右冲，怎么也躲不过密集的子弹，所部大都被消灭。邵本良脚跟被击伤，几个伪军架着他，拼死冲过北山头，跑到一个老百姓家抢了一套便服穿上，仓皇而逃。日军教导官英俊志雄大佐钻入尸堆，脸上抹满污血装死才躲过一劫。

梨树甸子战斗一举歼灭了伪军邵本良的主力，使日伪当局大为惊恐。他们慌忙从奉天调动千余日军，带着重炮杀气腾腾地扑向梨树甸子，但杨靖宇早已率部队安全转移。

8月4日，杨靖宇率领400余人的队伍秘密行动，在大拐弯子公路两旁又密又高的蒿草里和黄瓜地里设下埋伏，又伏击了邵本良部，敌人夺路逃窜，邵本良丢掉战马，再次乘隙逃走，日本教导官英俊志雄当场毙命。

邵本良虽侥幸逃命，却再受重伤。日本侵略者更加怀疑他，认为邵部每次行动的时间、路线红军都知道，总被杨靖宇打得一败涂地，一定是有人“通匪”所致。入冬以后，在邵部驻地八道江附近的浑江里发现两箱子弹，日本人遂以此事为由，对邵本良进行清查，将他送进伪满奉天陆军医院软禁起来，边治疗边受审，到 1937 年上半年死去，落得个身败名裂的可耻下场。

爱战士温暖人心
平叛乱运筹帷幄

1936 年春，杨靖宇的警卫员王传圣得了重感冒，高烧不退。杨靖宇把他安排在一个可靠的老乡家里，让他安心养病。仅隔六七天，王传圣就急忙赶回部队。当时王传圣只有 16 岁，杨靖宇担心他想家，就对他说：“是不是想家了？如果想家了，可以回去看看。”

王传圣说：“我还是不回去的好。”

杨靖宇问：“为什么？”

王传圣说：“看见老人和妹妹心里肯定不好受，还是不回去为好！”

杨靖宇高兴地说：“好哇，小王有志气，将来一定会成为一个很好的革命战士。”杨靖宇十分关心干部战士的成长进步，使其部下总有一种特别的温暖，条件再苦、战斗再累，也都愿意跟随他坚定抗日到底。

杨靖宇领导的东北人民革命军第一军所到之处，都会吸引许多青年纷纷前来要求参军参战，有时武器不能够满足需求，出现人多枪少的局面。原唐聚五自卫军红枪会的法师，找到第一师副师长韩浩和副官长李相山，建议成立大刀会，由他帮助训练，保证训练后的大刀会刀枪不入，能征善战。

由于成立大刀会既能组织群众抗日杀敌，又能缓解武器不足的困难。经韩浩同意，近百人的大刀会很快就组织起来，按照法师的方法进行了一段时间的训练。1935 年 4 月底，大刀会与日军守备队在桓仁县铧尖子西边的黄坑遭遇，大刀会成员手执系有红缨的大刀、长矛勇猛冲杀，四五十个敌人被追得无路可逃，于是便架起机枪，向追上来的大刀会射击。大刀会成员自以为刀枪不入，眼看敌人开始向他们射击，仍一路向前冲，结果许多人中弹牺牲。

杨靖宇得到报告后，认为大刀会成员英勇抗日的精神是可嘉的，但迷信硬拼的做法不可取，必须立即纠正。他严肃地批评韩浩说："这种原始的作战方法，咱们以后不能再用了。我们是共产党领导的人民军队，绝不能拿战士的生命开玩笑。我们要爱护每个战士的生命，珍惜战士们的勇敢精神。"杨靖宇决定把大刀会编入第一师四团，发给武器，重新训练。

在一次战斗中，教导团机关枪连三排排长被日军子弹打断了左腿，当即昏死过去，同志们以为他牺牲了，便用些野草、树枝把他掩盖起来后撤出了阵地。3 天后，侦察员在部队驻地附近发现了三排长，连忙把他抬回部队。

杨靖宇听说后，立即前去探望。三排长见杨军长来看他，非常激动，就向杨军长汇报了自己带伤寻找部队的经过。原来部队撤走后，一场大雨把他浇醒，他发现自己被野草和树枝掩盖着，明白是战友们以为他牺牲了，才这样处理的。于是，三排长决心找到部队。他不能行走，就拖着一条断腿向着部队撤走的方向爬行。一路上，伤口不断流血，疼痛难忍，几次昏死过去，等醒来，接着再爬，后来是怎么回到部队的，他就不知道了。

杨靖宇听完以后，十分激动，让军医处处长徐哲给他检查伤口，然后送往后方医院治疗。此后，杨靖宇多次在干部群众中宣传三排长的英雄事迹。他说："一个断了腿的人，能爬回部队，这是多么不可想象的事啊！可我们的三排长做到了。三排长是一个坚强的战士，他坚信一定能找到部队。有了这种精神，他就能克服种种困难，不管伤腿的疼痛，不管饥饿、疲劳，一直爬回部队。他是我们部队学习的榜样，是我们抗日的英雄。"

杨靖宇不仅关爱战士细心，对敌人的破坏行为也明察秋毫。

日本侵略者为了达到消灭杨靖宇领导的人民革

命军的目的，在进行疯狂军事“讨伐”的同时，还经常派遣汉奸特务打入第一军内部，进行各种阴谋破坏活动。

那是1935年冬季的一天，第一军军部的指战员在旱葱岭休整，就军事与政治的关系问题展开大讨论。正当大家热烈讨论的时候，杨靖宇突然宣布:“前面有敌情，必须提前开饭，饭后有行动。”

开饭时，杨靖宇走进屋子，闻到炖肉的香味，便问:“什么肉这么香？”司务长说:“是野鸡肉。”杨靖宇又问:“哪弄来的野鸡肉？”司务长说:“是司号长老史买来的，一共3只，他叫做给军首长吃的。军长，你们快吃吧！”

杨靖宇点点头，便说道:“唉，这是要命的野鸡啊！”听了杨靖宇的话，在场的人都愣住了……

吃过午饭，部队向北边的倒杨树岭进发。部队越过倒杨树岭，在西河掌宿营。杨靖宇立即召开了团以上干部会议，决定由高参谋长带领王传圣等5名警卫员，前往教导三连驻地执行紧急任务。

快到三连驻地时，高参谋长这才告诉警卫员们:“大家检查一下枪支，压满子弹。我们今天执行一项特殊任务，要把教导三连全部缴械，不管是谁，只要反抗，立即开枪打死。”他又特别强调：“指导员和他的传令兵要保护，不要伤到他们。”

高参谋长率队到达教导三连驻地时，三连长已换上便衣，正在剃头。高参谋长命令三连长把全连人员集中到一个南北大炕的屋子里。待岗哨也撤回后，三连长向高参谋长报告：“全部人员到齐。”

高参谋长站在屋中央，环视一下周围，慢慢举起左手，用力一挥说：“同志们！”5名警卫员同时举起手中的枪，高声喊道：“不准动！”三连长刚想反抗，身后早有人用枪口顶住他说：“你要动一动，就先打死你。”他再也不敢动了，连同教官和3个排长也都束手就擒。

这时，第一师五团的一个连也奉命赶到，执行看押教导三连的任务。与此同时，在第一军军部，史号长、关号兵和一排长等5人也被抓了起来。直到这时，警卫战士们才明白杨靖宇所说的“要命的野鸡”是什么意思了。

原来，三连长、史号长、关号兵等都是日伪打入第一军的奸细，他们正准备在那天夜里12点发动叛乱，杀害杨靖宇等第一军领导，胁迫队伍投降日军。对这些人的阴谋活动，杨靖宇早有觉察。

那还是在 1935 年秋季，第一军军部在桓仁县摇钱树岭驻扎。一天，一个赶着毛驴的人大摇大摆地闯进第一军驻地，驴背上驮着两袋食盐。哨兵拦住他盘问，他说自己是盐贩子。哨兵就动员他参军，他说家中有 80 岁老母无人奉养。旁边的一个战士听了他的话，说他是怕死鬼，甘心当亡国奴。他一听火了，驴不要了，盐不贩了，老母也不管了，当即要求参军。这个人入伍后被分配到教导三连当战士。由于他不仅会刺杀、射击、投弹，还能讲一些军事理论，所以不久就被提拔为教官。

一个卖盐小贩，为什么掌握着那些军事知识和技术？仅仅是战士的几句话就立马参军，都不回家交代一下。当杨靖宇了解到这一切后，指示教导三连指导员金光学注意他的言行。

一段时间以后，这个人果然暴露出很多问题。他不仅经常散布许多吃喝嫖赌的奇谈怪论，而且话里话外还听出他是个大烟鬼，尤其是入伍后再也不提他 80 岁的老母了。他到教导三连后，与三连长、一排长、史号长、关号兵等拉拉扯扯，鬼鬼祟祟，关系极其特殊。杨靖宇指示对他进行调查，终于查清他原来是伪军的中尉。那个关号兵也是同年春季以学生身份打入第一军的。

经过一天一夜的审讯，终于弄清了这群人妄图发动叛乱的内幕，查清了参与叛乱的人员。第一军军部召开全体指战员大会，公布了奸细策动叛乱的真相。杨靖宇宣布，严办严惩策动叛乱的首恶分子，胁从和被利用者给足路费回家。

领导第一路军西征之壮举

1935年8月1日，中共驻共产国际代表团发表了《中国苏维埃政府、中国共产党中央为抗日救国告全体同胞书》(即“八一宣言”)，提出为组成抗日民族统一战线，建立全国统一的国防政府与抗日联军的主张，并表明中共领导的工农红军和东北人民革命军将率先加入抗日联军。

为统一抗日力量，1935 年 12 月 17—25 日，中共中央在瓦窑堡召开政治局扩大会议，确立了建立抗日民族统一战线的总政策。会议在毛泽东的主持下，研究了主力红军与东北抗日联军互相配合的问题，确立了主力红军东征直接对日作战、加紧发展东北抗日游击战争的战略方针。

1936 年 2 月，红一方面军在毛泽东、彭德怀率领下，由陕甘苏区东渡黄河，进入山西，发起东征战役。东征红军给国民党军以沉重打击，扩大了共产党和红军的影响，推动了抗日民族统一战线和抗日救亡运动的发展，同时也极大地振奋了东北抗联部队的士气。

根据形势的发展，中共满洲省委决定，以党领导的东北人民革命军、反日联合军和游击队为基础，联合东北其他抗日武装力量，统一改编成东北抗日联军。

1936 年 2 月 10 日，杨靖宇、王德泰、赵尚志、周保中等人联合发表了《东北抗日联军统一军队建制宣言》，正式宣布东北人民革命军和其他抗日部队，一律改组为东北抗日联军。不久，中共南满特委召开第二次代表大会，会议根据《东北抗日联军统一军队建制宣言》精神，正式宣布将东北人民革命军第一军改编为东北抗日联军第一军。杨靖宇任军长兼政委，安光勋任参谋长、宋铁岩任政治部主任，下辖第一、第二、第三师，全军共3000余人。

为响应陕北红军东征，东北抗日联军第一军和中共南满特委决定，主动派遣第一师部队进行西征。

西征辽沈，进入长城，与关内红军会师，将东北的抗日游击区连成一片，打通连接关内与东北的抗日大通道。这是杨靖宇一直在寻找的最理想最现实的大目标。他以自己丰富的实践经验敏锐地预感到：抗日联军处于日寇侵略华北的后方基地，又是内地抗战的前哨和先锋。而这种形势就必然要求东北抗日联军同时承担两副重担，即：坚持东北抗战和支援华北抗日斗争，进而打通东北抗联与党中央及关内红军的联系，将东北和华北两个抗日战场连成一体。

欲西征，必先东行。只有采取声东击西的策

略，才能有效牵制敌人，以减少西征的阻力。谁有实力能在东边配合抗联第一军的西征呢？杨靖宇苦苦地思索着。

就在此时，中共东满特委书记兼抗联第二军政委魏拯民率主力一部，历尽艰辛，长途跋涉到达南满，在金川县河里会见了杨靖宇。

随后，东北抗联第一军、第二军和东满、南满党的主要领导干部在金川县河里召开了会议（即“河里会议”）。会议根据中共驻共产国际代表团的指示精神，为便于统一指挥东满、南满地区的抗日游击战争，决定将第一军和第二军合编为东北抗日联军第一路军，杨靖宇任总司令兼总政委，王德泰任副总司令，魏拯民任总政治部主任；东满特委、南满特委合为中共南满（即东南满）省委，魏拯民任书记，杨靖宇为委员。

第一路军下辖第一、第二军。第一路军总司令、总政委杨靖宇兼任第一军军长、政委，由3000人编成。下辖3个师，第一军原属第一、第二、第三师的序列不变；第一路军副总司令王德泰兼第二军军长，第一路军总政治部主任魏拯民兼第二军政委，由2000人编成。下辖3个师，第二军原属第一、第二、第三师序列更换为第四、第五、第六师。另有接受指挥的其他抗日武装力量约万人。这是活跃在东满、南满的一股强劲铁流。

会后，杨靖宇、魏拯民就第二军配合第一军西征，做了详细论证，并制订了军事行动方案。魏拯民返回抚松的第二军军部，传达“河里会议”精神，杨靖宇开始制订西征计划。

1936年6月28日，杨靖宇经过紧张的准备之后，决定以师长程斌、参谋长李敏焕带领的第一师为主力，他和政治部主任宋铁岩率领保卫连、少年营等直属队，共400余人开始西征。

西征部队由本溪与凤城之间和尚帽子出发，越过安奉铁路，于7月1日到达朝天贝。这时，日军发现了杨靖宇所部西征的意图，随后派出大批兵力跟踪追击，实施层层包围。面对强大敌军的围追堵截，杨靖宇只好将西征部队化整为零，分三部分独立开展活动，各部迂回突围。

7月15日下午，第一师行至本溪与辽阳交界的摩天岭，与驻连山关日军守备队第二中队发生激

战，抗联战士英勇顽强，消灭日军今田中队长以下30余人。这虽是西征征程中战果最大的一次战斗，但是，第一师也遭惨重的损失，参谋长李敏焕在战斗中牺牲。至7月下旬，三路西征部队先后返回本溪、宽甸、桓仁老游击区。

此次西征虽没有达到预期目的，但是一次大胆的尝试。摩天岭大捷，沉重地打击了日军的嚣张气焰，扩大了抗联的影响。

1936年11月上旬，杨靖宇率军部及教导团两个连离开宽甸天桥沟密营，到达桓仁外三堡与第一军三师部队会合。

在这里，杨靖宇主持召开了第一军军部和第三师主要干部联席会议，决定由第三师进行第二次西征。

杨靖宇吸取了第一次西征的经验教训，决定把第三师部队全部改成骑兵，计划在冬季趁辽河封冻结冰之机，快速跨越南满铁路和辽河，挺进热河，与主力红军取得联系，进而找到党中央，使东北的抗日游击战争与关内的抗日斗争紧密结合起来。

11月下旬，在师长王仁斋、师政委周建华、师参谋长杨俊恒、师政治部主任柳万熙率领下，第三师骑兵部队400余人从兴京县和桓仁外三堡出发，昼伏夜行，经清原、铁岭，跨过南满铁路北段。由于准备工作做得比较充分，一开始进展十分顺利，仅用15天就挺进至法库县辽河东岸。但是，天公不作美，当年气温偏高，辽河并未封冻。而这时日伪军不仅已探明抗联西征意图，还把与杨靖宇体貌相似且同姓的杨俊恒误认为杨靖宇，于是，围追堵截的大批日伪军蜂拥而至，西征部队既无法徒涉过河，也未能夺取已被敌控制的渡船。加之长途行军、人困马乏，又处在新区，情况不明，只得分散作战，且战且退，绕道返回。于年底回到清原、西丰、兴京一带。

东北抗联第一军的两次西征因敌我力量悬殊、远离游击区域作战，缺少群众支持等原因，都没能进入关内，部队损失2/3以上。但西征军打乱了日伪军的军事部署，牵制了大量敌人，减轻了老游击区的压力。同时在更大范围内宣传了党的抗日主张，当地群众欣喜相传“东山里的红军打过来了”，扩大了中国共产党和抗日联军在辽河流域的影响。

两次西征虽然受阻，但杨靖宇始终没有放弃西征的计划。他心里十分清楚，只有打通东北与关内的抗日通道，才能避免自身陷入孤立无援的境地。

1938 年后期，在敌人的疯狂“围剿”、封锁下，野无炊烟，行人中断，抗联第一路军陷入了内无粮草、外无救兵的极端困境。

1937 年七七事变爆发后，杨靖宇仍然在紧密部署西征计划，只可惜又是天公不作美。8 月的辽沈平原暴雨连连，辽河决口，淹没农田万余亩，西征再次受阻。加之敌人更加加紧了对抗联第一路军的封锁，抗联部队再也无西征的机会。

然而，西征一直是东北抗联的殷切期盼。正如杨靖宇所作《西征胜利歌》中言：

红旗招展，枪刀闪烁，我军向西征；
大军浩荡，人人英勇，日匪心胆惊。
……
中国红军，已到热河，眼看到奉天；
西征大军，夹攻日匪，赶快来会面。
……

抗联再增编

有人曾问过杨靖宇:“共产党人在关内，我们在关外，怎么能领导上我们呢? ”杨靖宇响亮回答:“只要我们执行党的路线、方针、政策，那就是在党的领导之下了。”他经常教育干部，“打日本必须有正确的路线、方针、政策。这个路线已经有了，就是在共产党的领导之下，进行抗日斗争。”

从东北人民革命军到抗日联军，杨靖宇一直强调执行党的路线方针政策的极端重要性，他特别重视军队中的党组织建设，坚持支部建在连上的原则。第一路军通过坚强的党组织领导和党员的先锋模范作用，极大增强了部队的战斗力和凝聚力。

1936 年 1 月 9 日，中共满洲省委停止工作以后，一直没有在东北设立中央局或中央代表，东北各地党组织和抗日联军失去了统一的领导，加之日军的全面封锁，与上级党组织的联系渠道也极不畅通，东北的抗日斗争完全是在日伪军严密封锁中进行的。在此情况下，杨靖宇更加注重遵循党的指示精神，通过中共驻共产国际代表团发来或传来的有限指示精神，结合实际加以灵活执行。

“河里会议”后，为进一步贯彻党的抗日民族统一战线方针，杨靖宇率领抗联第一军军部直属部队到宽甸、桓仁、辑安一带，广泛联系和团结抗日义勇军、山林队一道抗日，并把积极靠拢抗联，愿意接受抗联改编的抗日义勇军，编入抗联第一路军。

抗日义勇军首领左子元，人称“左司令”，他所领导的“抗日联合救国军”有400多人，多次与日伪军交战，斗争坚决，群众关系较好，在当地的抗日义勇军、山林队中有一定影响。左子元十分敬佩杨靖宇，称他抗日坚决，智勇兼备，对抗日义勇军又竭诚相待，渴望将自己的队伍改编为抗日联军，在杨靖宇直接指挥下抗日杀敌。

1936年8月的一天，杨靖宇正在筹划部队如何渡过浑江，侦察排长从江对岸回来向杨靖宇报告:“左司令接我们过江来了。”对左子元的到来，杨靖宇表示热烈欢迎。

此前，杨靖宇派侦察排长带队过江与左子元联络，商量抗联第一军军部直属部队渡江事宜。左子元欣然相助，调集了 5 条渔船，上下游又布置了警戒，然后才过江来见杨靖宇。

杨靖宇对左子元说：“你们可真是雪中送炭啊！”左子元说：“请杨司令下命令，部队过江吧。”

杨靖宇立刻命令机关枪连先行渡江，过江后加强警戒。由于每条渔船一次只能载十几个人，当时又是阴雨连绵，江水上涨，风大浪高，整整经过一天一夜，部队才全部安全渡过浑江。

渡过浑江后，两支抗日武装部队住在一起，吃在一起，同出操，同训练，左子元亲眼看到了抗联将士良好的精神风貌，更加坚定了他加入东北抗联的决心。根据左子元的要求，杨靖宇召开了抗联第一军党支部会议。经研究决定，接纳左子元领导的“抗日联合救国军”，将其改编为东北抗日联军第一军直属第十一独立师，左子元任师长，下辖两个团。

改编后的左子元第十一独立师所部，与杨靖宇率领抗联第一军军部直属部队，在桓仁、宽甸一带活动。

宽甸县境内有个叫大荒沟的大集镇，是日伪军重点守备的据点。该镇一面面临鸭绿江，江对面驻有日军守备队，可以居高临下控制大荒沟；另三面是开阔地。镇四周修筑了很高的城墙，里面驻有伪治安警察、盐务警察和自卫团。镇内有一个宝兴厚商号，经营烧锅、油坊等买卖，生意非常兴隆。

攻打大荒沟，不仅能够打击敌人，鼓舞抗日部队士气，而且镇内宝兴厚商号的大量物资可以解决抗联的部分过冬给养。因此，杨靖宇将目标锁定大荒沟。

对如何拿下这个易守难攻的据点，杨靖宇进行了认真的思考。决定智取：由左子元部队的张团长带领所部化装成土匪，在大荒沟附近活动；由教导第一团化装成伪治安军，团政治部主任黄海峰化装成伪连长，会说日语的宣传干事小刘化装成日本指导官，“伪治安军”假装追击“土匪”，乘机拿下大荒沟。

出发前，杨靖宇向部队作了战斗动员：“为了不暴露目标，减少伤亡，也不伤害群众，我们决定化装袭击。大荒沟街里有个宝兴厚商号，我们要向他借一些布匹、胶鞋等物资，等将来抗战胜利了再由人民政府偿还。如果能争取他主动捐献则更好。假如他与人民为敌，死心塌地替日本人卖命，我们就没收他的东西。但一定要注意遵守群众纪律，不能乱动群众的东西。”

他特别嘱咐黄海峰：“你要沉着冷静，和独立师张团长配合好，装得真像那么回事。一旦暴露，奇袭不成，我们就强攻，指挥要灵活，不能给敌人以喘息的机会。”

部队驻地离大荒沟 80 里地，必须在天亮前赶到大荒沟附近。杨靖宇下令部队分 3 批出发，第一批是化装的“土匪”，第二批是化装的“伪军”，第三批是杨靖宇亲自率领的主力部队。

天亮前，“土匪”进入大荒沟附近的一个小屯子，“伪军”和主力部队赶到屯外的山上吃饭休息。天亮后，杨靖宇下令开始行动。

黄海峰带领“伪军”向山下冲去，机枪、步枪、喊声响成一片。张团长带着“土匪”边打枪边撤退，慌慌张张出了屯子，向大荒沟方向逃去。“伪军”进了屯子，黄海峰找来两个农民，让他们拿着信去围子报告：说日本樱井指导官带着部队，要进围子休息，叫他们赶快准备200人的饭食。

不一会儿，送信的农民回来了，“伪军”便开始出发，队伍排成两路纵队，黄海峰和刘干事骑着高头大马跟在后面。

“伪军”走后，杨靖宇率队赶到。有群众说：前面过去了两支队伍，前头的是土匪，隔了一阵子，又过去一队伪军，还有两个骑大洋马的军官，其中一个大官是日本人。杨靖宇说：“我们正追赶他们呢。”

“伪军”来到大荒沟门外，里面的伪警察、自卫团不给开门，说是没有接到上面电话通知。这时，“伪连长”和“日本指导官”走到近前。“指导官”指着围子用日语叽里呱啦说一阵，“翻译官”说：“快快地开门，别自找不痛快。大日本指导官说了，不开门，统统死啦死啦的，说你们通匪。”

伪警察和自卫团长担心他们是抗联冒充的，但看见“日本指导官”那个派头又不像抗联，只好把大门打开，伪警察、盐务警、自卫团列队欢迎。进入围子之后，黄海峰命令伪自卫团长，围子各大门由“伪军”接岗，又命令机枪班迅速接管街中心的炮楼，并封锁鸭绿江江面和通往宽甸的公路。这时，敌人觉得不大对劲，又不敢贸然行动。

随后，黄海峰命令围子的所有伪警察和自卫团集合，怒气冲冲地训斥道：“土匪就在你们围子前面的屯子里住着，你们为什么不去打？我们把土匪打跑了，想进围子休息一下，吃顿饭，你们不开门，不出来迎接，你们是不是通匪？要你们这些饭桶有什么用？统统缴械！”

他命令道：“听我口令：把武器放下，向前三步走！”

等伪警察都放下了武器，黄海峰才换了口气说：“我们不是‘伪军’，我们是杨司令领导的东北抗日联军。”这时敌人才如梦初醒。黄海峰又说：“大家不要怕，我们都是中国人，只要今后不再给日本人当走狗汉奸，我们就不杀你们。”

这时，杨靖宇率领抗联第一军军部开进大荒沟。听完黄海峰简要汇报后，杨靖宇问：“刘干事呢？”黄海峰笑着说：“我们的‘指导官’叫宝兴厚掌柜的请去做客了。”

杨靖宇和警卫员们赶到宝兴厚，看见刘干事还是“日本指导官”的打扮，得意扬扬，边抽烟边喝茶，见杨靖宇到来，起身让座。

宝兴厚的掌柜这才明白过来，忙请杨靖宇上座，杨靖宇也请他坐下。寒暄几句后，杨靖宇向他讲了许多抗日救国的道理，接着便直截了当地说：“我们想从你这里借一些布匹、鞋和军用物资，其他东西我们一律不动，你看怎么样？”掌柜说：“本店愿意捐献，只是……”

杨靖宇说：“怎么，你有困难？”掌柜连忙说：“我捐献没问题，只是你们走了，日本人和讨伐队再来，我可怎么办？”

“这好办，你就说把东西给了我们这位‘日本人’了。”杨靖宇边指着站在一旁的刘干事说。这样一说，掌柜的笑了，他吩咐店里的伙计给抗联装货，面粉、布匹装了十几辆马车。

部队返回驻地后，杨靖宇命令把缴获的武器弹药全部分配给左子元的第十一独立师。左子元十分感激，随后率队前往指定地区，开展抗日游击斗争。

同年9月，杨靖宇率第一军军部直属部队在宽甸牛毛坞一带活动时，一个叫于万利的义勇军首领只身一人来见杨靖宇。他说：“我叫于万利，外号于黑子，我有200多人，是从伪治安军里拉出来的人马。我拉队伍不是为了占山头当土匪，我也不想当官发财。我是一个中国人，死也不想当亡国奴，不愿给日本人当汉奸走狗，更不愿替日本人杀中国同胞。我决心跟你们打日本鬼子。”他恳求杨靖宇收编他的部队，并说：“我于黑子说话是算数的，从今天起，我的队伍就听你的指挥，我姓于的绝不含糊。”

杨靖宇对他坚决要求加入东北抗日联军的态度表示欢迎，亲切地对他说：“你有中国人的骨气，你是一个很有民族气节的人。你对抗日救国的一片热情，我很受感动。你的这些想法完全对，我们抗日救国不分民族、党派，不分宗教信仰，只要是抗日打鬼子，我们就要联合起来，协同作战，共同抗日。”于万利见杨靖宇欢迎他们加入抗联，心里非常高兴，他激动地说：“可惜，我找到你们太晚了。”

几天后，杨靖宇正式宣布，于万利部改编为东北抗日联军第一军直属独立旅，于万利任旅长。

为了欢迎于万利部加入抗日联军，杨靖宇让后勤人员买来 4 头肥猪送给他们。应于万利的请求，杨靖宇专门到独立旅为全体官兵讲话。

杨靖宇说：“同志们，从今天起，独立旅就是在中国共产党领导下的一支抗日救国队伍了，是一支人民的子弟兵。我们这支队伍，有铁的纪律，绝不允许损害人民群众的利益。我们大家起来抗日，是要解放东北三千万受苦受难的父老兄弟姐妹。我们的任务是要把日本强盗从我们这块土地上赶出去，收复失地。只要一天不把日本侵略者赶出去，我们的斗争就一天也不停止。我相信，我们的斗争一定会胜利，一定能把日本侵略者从东三省打出去。同时，我们的斗争是长期的、艰苦的。我希望同志们有长期抗战的准备。独立旅的同志们要多打胜仗，多消灭敌人。”

杨靖宇的讲话赢得一阵阵热烈的掌声。当杨靖宇离开独立旅时，于万利带 100 多人一直护送过了牛毛坞到错草沟的公路，才与杨靖宇依依惜别。

不久，抗日义勇军高维国部也为杨靖宇团结抗日的博大胸怀所感动，要求加入抗日联军，杨靖宇将其改编为东北抗日联军第一军直属第十三独立师。

在杨靖宇的教育和感召下，左子元、于万利、高维国等率部矢志抗日，英勇杀敌，为抗日救国战斗到最后一息。1936 年冬，左子元在与日伪军的战斗中壮烈牺牲。

也在这年冬天，于万利率领部队在宽甸县牛毛坞至错草沟公路一带开展游击活动，在一次突围战斗中，于万利率部奋勇冲杀，由于敌众我寡，独立旅伤亡惨重。面对群敌，于万利毫无惧色，他抱着机枪向敌人扫射。子弹打光后，他便把机枪拆开，将机枪零件扔进雪里，宁死也不让敌人得到完整的机枪，最后壮烈牺牲。

杨靖宇听到于万利牺牲的消息后，十分痛惜地说："于旅长不愧为抗联的优秀指挥员，是个有骨气的中国人，是个好同志。他为了抗日救国大业，浴血奋战，英勇献身，到最后连手中的枪都不留给敌人，我们要向日本侵略者讨还血债。”

在杨靖宇的统一领导下，东北抗日联军第一路军以“不分见解、信仰，枪口一致对外，坚决抗日”的口号，号召和团结各抗日武装力量联合抗日。

至1936年秋，抗联第一军收编各种抗日武装5000余人。与此同时，在安图、抚松、临江等地活动的抗联第二军也与抗日救国军吴义成余部、李洪斌部以及抗日山林队“万顺”“压五营”等15支队伍达成共同作战协定，有的编入第二军。1936年冬，第一军、第二军相互配合，挫败了日伪军1.6万余人的“北部东边道九县大讨伐”计划，极大地振奋了抗日士气。

破袭通辑线

1938年2月，杨靖宇率领军部和直属部队教导团离开桓仁，向辑安老岭地区进发，准备与中共南满省委书记魏拯民所率领的第二军会合。2月中旬，部队进入层峦叠嶂的老岭地区。

当时，日伪当局正在加紧修建通（化）辑（安）铁路，这是一条专为掠夺东北物资资源和“围剿”抗联而修建的重要通道。修成以后，东可与朝鲜平壤至满浦铁路相接，北可与四平到梅河口的四梅线贯通，是日本从朝鲜伸向中国东北地区的又一条重要通道。

“这条铁路对我们活动不利，它既为掠夺我国丰富资源服务，又妨碍我们开展游击战争，必须不断破坏它！”

1938年2月下旬的一天，杨靖宇召集团以上干部到军部红石砬子驻地开会。会上，他特意拿出《东边道矿产资源图》和《通化省产铁产炭地区交通图》两幅图来问大家:“我们抗日联军在战略上配合全国抗战的攻击目标在哪里?”

接着，他又拿出一本登记日本战俘的名册和一块炮弹皮来，问大家:“谁知道日本国内抽兵到几期啦?”

有位参谋回答:“不是五期就是六期。”

杨靖宇意味深长地说道:“对于打仗的对手，我们不光要掌握面对面的战场上情况，也要了解对方背后的情况。现在日本国内征兵征到了第六期，适龄的兵员不多啊!而今已经没有更多的青壮年可征了。”

他接着说:“日本同我们作战的关东军，过去是百分之百的青年，现在100个人当中，就有十几个是老兵,还有60多个是强征的其他国家的人,连姓氏都是现改成日本姓氏的!你们可以仔细看看这本战俘登记名册。它说明：由于日本侵略中国，国内的兵源已枯竭，不得不动员复员在家的老军人。如要长期占领中国，必须增兵几倍、几十倍，那样的困难就会更大了!可以预见：小鬼子支持不到几年就得垮台！”

“现在我们的同志，只看到敌人一来好几千、好几百打我们，但没有认真算一算，他们当中的其他国家的人占多少？伪军、伪警察占多少？究竟有几个是真心为日本侵略者卖命的呢？”

杨靖宇又把那块炮弹皮放到手掌上掂了掂，问：“今年，日本昭和的年号是几年啦？”

韩仁和抢先答道：“是昭和十三年。”

杨靖宇接着说：“我手里这块炮弹皮上有‘昭和十二年制造’的字样，按阳历是1937年，这块炮弹皮就证明：它不是从日本远隔重洋运来的，而是侵占沈阳后利用东北军的奉天兵工厂制造的。这就说明：日本国内的弹药库，由于扩大侵华战争，也日显空虚了！试问日本侵略中国，把战线拉得老长老长的，它的战争资源又能支撑多久呢？别看日本军旗上有4个字‘武运长久’，要知道我们中国地大物博，人口众多，给它来个蚂蚁啃骨头战术，正规战、游击战、民兵战、大众战，结合起来对付它，看它能长久到哪一天？”

杨靖宇的一席话，就像是给指战员们的心里打开了两扇窗，立刻亮堂了起来，大家都很信服。本来，日军俘虏登记花名册和捡来的一块炮弹皮，只是用来作为日军侵略我国罪证的，这是很寻常的物件，可到了杨靖宇总司令的手里，说道就大了，他直接从这两个物件上，看出了日本侵华的穷途末路来。

随后，杨靖宇开始作战斗部署和动员："日本推行以战养战的政策，掠夺我东边道的矿产资源，为它的法西斯军队输血打气！我们东北抗日联军第一路军对此方针就是：分兵以扰乱其铁路站点，集中以破坏其重点筑路工程。我军将采取破袭通辑铁路的第一次行动，就拿敌人的咽喉工程——老岭隧道开刀，迫使它无法吞吐无法喘息，即使砍不断，也叫它瘫上半年。"

老岭隧道地处通化、辑安两县的交界处，距通化 71 公里，由全长近 4000 米的两个隧道组成，是通辑铁路上最长的隧道。这里四面环山，又有日本重兵守卫，实为易守难攻之地。

作战部署是：集中兵力分别突袭老岭隧道施工现场、发电所和供应仓库，派出手枪队化装成劳工

混入工地，里应外合，能烧的烧，能炸的炸，采取一切办法，进行彻底的破坏，延缓敌人的工期，同时解放劳工。

3月12日，杨靖宇率领各部挑选的精兵，到达通化大棒棰园子集结。此时敌情又有了新变化，地下关系传来情报：日本军事顾问小樾中佐，13日将乘铁甲车由通化出发，下午3时到达果松车站作短暂停留后，赶赴老岭视察隧道工程。杨靖宇当机立断：派遣韩仁和、杨殿清带一支100人的部队急行军，赶在小樾之前占领车站，化装成日军等待铁甲车到达，以牵制小樾的行动。

3月13日，杨靖宇率500余人围向老岭隧道施工现场、发电所和供应仓库。利用黄昏时刻，派手枪队便衣混入劳工的队伍，准备趁劳工返回工棚吃晚饭之机潜入。就在手枪队混入时，被守军发现，战斗提前打响，部队从四面八方发起强攻，拉下发电所大闸，施工现场顿时一片黑暗。他们又在被解救劳工的带领下，冲进拉有电网的老岭隧道工事柜即办事机构，同时又拿下了看守隧道北口的机枪阵地。

这时，在果松车站设伏的韩仁和的队伍，押着擒获的日本军事顾问小樾，乘着铁甲车，沿隧道专用铁道线冲了进来。正列队迎接小樾的护卫营毫无防范，就被打得人仰马翻。

第二路部队顺利攻占了十一道沟隧道工地发电所，破坏了发电设备。第三路部队成功地袭击了十二道沟物资供应仓库，将日本“满铁”警备助理漆畑等数人击毙。

至此，抗联部队全部占领了老岭隧道西口工地区仓库、工厂和工地。杨靖宇指挥部队打开了10栋仓库和两栋炸药库、枪弹库，组织百余名被解放的劳工和战士们背着粮食、扛着弹药箱向十一道沟沟口撤走，最后留下一个排的战士，把所有的建筑材料及拿不走的物资全都浇上汽油烧毁并炸毁隧道。敌人损失惨重，致使即将竣工的隧道停工两个多月。隧道工程的投资者、东亚土木株式会社总裁气急败坏地说：“这是筑路史上最大的失败！”

慷慨悲歌

岔子沟惊险突围

1938年7月，传来了一个令人震惊的消息：在本溪的抗联第一军第一师师长程斌，屈服于日伪当局的武力“讨伐”，接受了由2月间投敌的第一军参谋长安光勋带来的敌“长岛工作班”的劝降书，于6月29日胁迫86名部下投敌叛变！

程斌的叛变，不仅使第一师基本瓦解，而且还将整个第一路军的军事计划及军事部署供述给敌人。

7月15日，杨靖宇、魏拯民于老岭五道沟北坡密营，召开了第二次老岭会议，重新研究制订了第一路军的游击活动计划，作出了4项重大决定：

其一，改组南满省委，南满省委和抗联第一路军总部实行战时应急体制。

其二，由于程斌的叛变，第一军第一师在本溪、桓仁、宽甸一带的游击区已经大部分丧失，辑安游击区失去了西南的屏障，成为敌人在通化地区“讨伐”的重点。因此决定改变原来的部署，取消第一军再一次进行西征的计划，除留一小部分部队在老岭山区进行游击、牵制敌人以外，所有部队东进北上，向金川县河里地区转移，依托长白山区同敌人展开斗争。

其三，撤销原东北抗联第一军和第二军的番号，在第一路军总司令部下，部队编成3个方面军和一个警卫旅。整编后，各部队分区作战。

其四，第一路军总司令部派人去关内寻找中共中央，以获得党中央的领导和指示。

这期间，日本关东军派出政治浪人樱片，在游击区散布“日本愿割让东边道地区归抗日联军独立管辖”的谣言，妄想诱降杨靖宇。

打破这个恶毒的诱降阴谋，以稳定军心，最有效的方式就是：进攻！边转移边进攻。

杨靖宇决定先拿那个号称“满洲剿匪之花”的伪军混成旅旅长索景清开刀——彻底消灭之。

8 月 2 日中午，索景清率教导骑兵团和第三十三团余部共 300 余人在长岗的石庙子打尖，杨靖宇率领部队，以青纱帐做掩护，秘密行军至敌军周围，占领了有利地形，然后进行猛烈攻击。经过激战，击毙敌人 60 多名，俘虏 30 多名。“满洲剿匪之花”从此枯萎。

杨靖宇用缴获的武器武装起来一支特殊的队伍——少年铁血队，被他称为“抗联的未来”“长白山火种”。

9 月 20 日，杨靖宇率领第一路军 1400 人的部队，整装待发，开始大规模的转移行动。准备经通化、临江县境，向金川县河里山区开拔。

此时，全国抗日战争进入战略相持阶段，“正面相持的局面出现，敌后斗争的局面就要紧张”。在东北，日伪军加紧“讨伐”抗日联军，采取所谓“断其粮道，绝其补给，逐渐压缩包围”的战术，集中兵力盯住杨靖宇及其所率领的抗联第一路军总司令部直属部队，企图消除其“心腹之患”，巩固战略要地。

与军事“讨伐”的同时，敌人还在抗日联军活动地区普遍实行“集家并屯”“保甲连坐”法，千方百计地割断人民群众和抗日联军的联系。除此之外，还以高官厚禄为诱饵，对抗联官兵进行诱降活动。在“围剿”杨靖宇部的日伪军中，以叛徒程斌等带领的伪军充当急先锋。

杨靖宇亲率警卫旅大部及少年铁血队和第二师一个团共400余人，于9月26日从辑安蚂蚁河上游出发，准备先进入通化，经临江前往河里，再去桦甸，与第二军四师部队会合。

10月17日夜，杨靖宇率部到达浑江岸边，准备涉水过河向岔沟进发。此时，已入冬的长白山区寒风阵阵，落叶凋零，江水刺骨。杨靖宇首先下水，率领部队涉水渡江。当部队到达临江县外岔沟时，天已大亮。这时，空中出现日军的飞机，盘旋几圈后飞走了。随后，大批日伪军跟踪而至，在叛徒程斌等人的引领下，日伪军警数千人，将杨靖宇所率的400余人团团包围。

上午8时左右，敌人在东南方的山上出现，

远远看去黄乎乎的一片，伪军后面还有日军督战队，战刀在阳光下闪闪发光。战士们的枪口一起瞄准敌人，等待着战斗命令。敌人越来越近了，当敌人进入有效射程时，杨靖宇大喊一声："打！"所有机枪、步枪一齐向敌人开火，子弹像狂风暴雨般地扫向敌群。

死心塌地为日本侵略者效劳的叛徒程斌，在其主子的指令下，向杨靖宇率领的抗联部队狂呼乱喊，让杨靖宇率部归顺，升官发财。杨靖宇命令少年铁血队挑选 20 名大嗓门、会唱歌的战士，爬上山崖，齐声高呼："中国人不打中国人，留着子弹打日本！"一时间，口号、歌声响彻山谷，使那些尚有民族意识的伪军都为之动容。

敌人依仗武器精良，调来几挺重机枪向第一路军阵地扫射。子弹在抗联战士的头上嗖嗖飞过，打得树枝树叶纷纷飞落。下午 2 时，在一线阻击敌人的警卫旅第一、第三团互相掩护撤到总司令部的阵地上。杨靖宇命令他们接管这里的阵地，他则带领机关枪连、少年铁血队、特卫排撤往四方顶子。直到天黑，敌人才停止攻击，警卫旅第一、第三团随即撤离阵地，向总司令部阵地四方顶子靠拢。

杨靖宇召开连以上干部紧急会议，分析敌情，研究对策，确定突围方向。他说：“敌人现在停止了进攻，估计今晚不会再来了。他们要休息，吃饭，等到明天天亮再来消灭我们。我们必须在今天夜晚冲出敌人的包围圈，否则，就有全军覆灭的危险。形势对我们非常不利，我们要果敢行动，组织突围。”

杨靖宇指着敌人的阵地，对大家说：“你们看看，东南方是敌人的主力，点的火堆少而小；正南方向敌人派重兵在那里防守，一点声音都没有；四方顶子主峰及北岗上的敌人虽然今天没有向我们打枪，但最少也有一个团的兵力；而正西方有13个大火堆，又打枪又喊叫，人也来回奔跑。白天我观察，正西方在石砬子下边有一个骆驼腰的小岗上有敌人活动，我估计那里顶多一个连兵力。敌人人少害怕，在那里虚张声势。敌人估计以为我们会向北突围，因为过了北岗就是森林，所以敌人在北面布置了大批兵力，而我们应该来个出其不意，从正西方向突围出去。”

经过讨论，大家认为杨靖宇分析得有理有据，一致同意杨司令的突围方案。

会议决定：从警卫旅第一团抽调两个排，每个排配备 1 挺机枪；从机枪连抽调一个排，配备 2 挺机枪；从少年铁血队抽调 20 人，共同组成突击队。警卫旅第一团的两个排和敌人接触后，只能用刺刀消灭敌人，撕开缺口后，一个排向南攻击，一个排向北推进。把突破口迅速扩大，机枪连的一个排和少年铁血队的一个班立刻跟进，迅猛冲出敌人包围圈，以防止敌人设置第二道封锁线。不论遇到什么情况，全体指战员都必须猛打猛冲，不给敌人喘息之机。总司令部紧跟突击队，警卫旅第一、第三团在后边掩护。为了避免天黑误伤自己人，突击队的每个战士在脖子上系一条白毛巾。

午夜过后，全体指战员整装出发，突击队首先行动。敌人因折腾了一天，早已疲惫不堪，都躺下睡起大觉。第一路军突击队摸到敌人跟前，警卫旅第一团政委黄海峰把手一挥，战士们迅速散开，端着刺刀向睡梦中的敌人扑去。一些敌人当即毙命，其余的敌人一边逃跑一边胡乱开枪。战士们用机枪猛烈扫射，打得敌人不知所措，在阵地上乱喊乱窜。第一团的两个排分头向南北两个方向猛攻，敌人的阵地很快被撕开一个大口子，机枪连和少年铁血队快速冲出敌人的包围圈，大部队也紧紧跟随其后，一口气跑出 20 多里。虽然已苦战了一天一夜，粒米未进，但由于胜利冲出包围圈，大家都十分兴奋，疲劳和饥饿一扫而光。

岔沟突围是一次以巧妙游击战术，以少胜多、以弱胜强的成功战例。在这次战斗中，杨靖宇率领抗联第一路军总司令部直属部队英勇巧妙地冲出敌人包围圈，使部队转危为安，粉碎了敌人煞费苦心经营 20 多天的“围剿”计划。日伪军怎么也想不通杨靖宇会率领部队在夜间突出重重包围圈，十分不解地说：“难道杨靖宇插上翅膀飞走了？”

进深山密林战斗

岔沟突围虽然成功，但第一路军处境仍然相当困难，还不能从根本上粉碎日伪军的“大讨伐”。

敌人运用“武力战”“经济战”“思想战”全力对付抗日武装，妄图彻底扑灭这一地区的抗日烈火。在敌人多方面的残酷进攻下，南满抗日游击根据地大都被破坏，抗联在原游击区已无法立足。

1938年冬天，杨靖宇率领第一路军告别了抗日游击根据地的父老乡亲，进入长白山的密林中。他们从辑安错草沟根据地出发时，根据地群众纷纷随队送行，依依不舍。

抗日联军进入深山老林以后，必须重新创造生存和战斗的条件。他们伐木建造密营，把医院、被服厂、武器修配厂、仓库等后勤单位全部迁入密营或山洞。作战部队有时到密营休整，但多数情况下是在山沟里、树丛下席地而坐，围火而眠。人民群众在极其困难的情况下，仍然不畏艰险地给抗联送来粮食、衣物和药品。抗联的全部军需品主要依靠战斗从敌人手里缴获。由于衣食不足，他们往往挨饿受冻，不得不打猎为食，以草根树皮果腹。

尽管环境极其艰苦，杨靖宇仍然指挥第一路军同敌人进行着顽强的战斗。1938年12月25日，杨靖宇决定率部到桦甸县柳树河子作短暂休整。

这时，伪满王牌军靖安师第一团900多人带着电台，从濛江的那尔轰尾随而来。12月27日，伪军一部在沟北口砍树搭帐篷，生火做饭，正好被外出筹粮的警卫旅旅长方振声、少年铁血队指导员王传圣发现。敌人扎营的地方，距抗联的宿营地只有5里远。敌人共支起12顶帐篷，每座帐篷前燃起一堆火。

杨靖宇接到报告后，认为如果敌人先开火，势必打成持久战，对抗联不利，立即决定先下手为强，发动突然袭击，狠狠打击敌人。杨靖宇分析说，敌人远道而来，走了一天的路，他们支上帐篷就放心地睡大觉，在他们没有防备的情况下，打他一个措手不及。杨靖宇决定不使用大部队，而是从警卫旅抽调身强力壮的战士，每10人一组，共12个组，每组配1挺机枪，一组负责打1顶帐篷。敌人住在帐篷里，每个帐篷前都有一堆火，因此，这一仗就叫“摸火堆”。规定各组要速战速决，不能恋战。

会议结束时，已经是午夜，天空阴云密布，伸手不见五指。杨靖宇命令韩仁和带领12个战斗小组，兵分两路，从南北两面悄悄地接近敌人的帐篷。少年铁血队摸到距帐篷30米远的地方隐蔽起来，可能是被敌人哨兵发现，敌人突然向他们打了一枪。指导员王传圣立即发出命令：“打！”战士们一跃而起，轻重武器一齐开火，敌人的帐篷被打着了火。借着火光，战士们像小老虎一样，冲进帐篷，一阵猛射，帐篷里的敌人全部被消灭。其他战斗小组也在同一时间开始战斗。敌人在明处，抗联部队在暗处，许多敌人在睡梦中就被击毙。其他敌人惊慌应战，整个战斗一直持续到天亮，共打死打伤伪军100多人，缴获1挺机枪和许多弹药、粮食，还有一些刚刚做好的玉米面窝头。其余敌人仓皇撤退，杨靖宇命令警卫旅第一团团长许国有率两个连追击，敌人扔下重武器和伤兵，狼狈逃窜。

柳树河子战斗是杨靖宇率领抗联第一路军总司令部转移后的首次大捷，极大地鼓舞了士气。

1939年3月3日，杨靖宇率部挥师北上，目标是袭击桦甸县二道甸子木箕河林场。

为了掠夺桦甸的森林资源，日本侵略者于1934年在桦甸县建立了营林署，下设林场多处。

位于富尔岭下、木箕河上游的木箕河林场就是其中较大的一处。

林场的场部周围高墙围绕，墙外架着铁蒺藜，四周建有碉堡。由20多名日军和百余人组成的伪森林警察队守护着林场场部，监视劳工劳动。伪森林警察队队长李海山是日本侵略者的忠实走狗，多次协助日军“讨伐”抗联部队。他狂妄地说：“攻下木箕河木场，起码得3天工夫。在3天中，哪路援兵都可以赶到，所以木场子是攻不下的。”

距离场部30米外有一个院落，里边住着劳工，都是被骗来的农民和被抓来的青壮年。他们每天天不亮就被驱赶上工，整天从事繁重的伐木劳动，却吃不饱穿不暖，随时遭受日本人和伪警察的打骂。

杨靖宇决定，攻打木箕河林场解救林场的劳工，解决部队的粮食和其他军需品，打击敌人的嚣张气焰。当时部队驻在距木箕河以南30里的密营里，抗联战士轻装急行，在林场外的密林里隐蔽，侦察敌情，做好战斗前准备。

3月14日，抗联第一路军警卫旅、少年铁血队和第二军四师总计450多人，首先攻陷了林场周围的几个“集团部落”，使部队的给养和弹药得到补充。在敦化与木箕河之间，敌人设有一个据点，有一个连的伪军驻扎在这里。为了防止战斗打响后伪军出援，杨靖宇派韩仁和率警卫旅第三团和少年铁血队在沟口设伏，一旦发现这里的敌人向木箕河方向移动，立即予以痛击。

当夜，杨靖宇率领部队冒着大雪，打响了围攻木箕河林场的战斗。他指挥几支小分队佯攻四周的炮楼，牵制敌人，而以主力部队攻打场部的大门。

一支突击队神不知鬼不觉地靠近木箕河林场的西北角，铰开铁丝网，迅速攻入林场。在林场的东南角，设有碉堡和暗堡，战士靠近碉堡后，把几颗手榴弹投进去，敌人一命呜呼了。最后只有一个碉堡里的敌人还在负隅顽抗，许国有大声命令：“机枪掩护！”然后他亲自带领几个战士冲向碉堡，他边打边喊：“我就不信，你李海山守得住。”他冲到碉堡跟前，对着碉堡内就是一梭子机枪子弹，接着又把几颗手榴弹塞了进去，碉堡顿时成了一堆废墟。

攻打大门的队伍，用机枪猛扫门缝，顶门杠被打断，大门敞开，战士们猛攻进去。伪森林警察队队长李海山、伪警尉郑文彬等 10 多个死心塌地为日本侵略者充当看家狗的家伙被当场击毙。一些伪警察从场部后边逃上山去，战士们高喊：“中国人不打中国人！缴枪不杀！”跑到山上的伪警察先后下山投降。钻进地道的 4 名日本人也被抓获。战斗结束后，战士们把汽油浇在林场敌人宿舍和他们贮存的木材上点燃，大火烧了一天一夜，日本侵略者苦心经营多年的木箕河林场化为灰烬。

培养铁血少年队

木箕河战斗结束后，杨靖宇率部转移至木箕河以南 4 公里的地方进行休整，寻机再战。

1939 年 3 月 16 日，日军中川部队、富森工作队及桦甸县伪警察队共 800 多人跟踪到八道沟子。杨靖宇指挥部队与敌军展开激战，打退了敌人的多次进攻。经过 7 个多小时的战斗击退了敌人，取得毙伤敌 80 多人的胜利。警卫旅第一团团长许国有等 10 余人在战斗中牺牲。战斗结束后，杨靖宇迅速率队向东转移，一路上又袭击多处“集团部落”。

大蒲柴河镇是敌人在敦化、桦甸一带的重要军需物资供应地，日军在这里修建了一座野战仓库，贮存着大量的军火和军需物资，四周修有坚固的围墙，约有一个营的日伪军在这里驻防，还设有伪警察署，共有日伪军警 250 余人。

确定攻打大蒲柴河的作战方案之前，杨靖宇一面派出侦察员侦察大蒲柴河镇的敌情，一面通过内线详细了解镇内各种情况。杨靖宇召开警卫旅、少年铁血队和第四师连以上干部会议。

会议决定：警卫旅第三团和第四师，在大蒲柴河镇阻击从敦化开来的援兵；警卫旅第一团佯攻大蒲柴河镇东头的伪军兵营；少年铁血队和机关枪连的一个机枪班担任攻打伪警察署的任务。

散会的时候，杨靖宇对少年铁血队队长高玉信和指导员王传圣说：“你们铁血队不是吵着要和敌人算账吗？现在算账的机会到了。你们两个指挥员要胆大、心细，果断地拿下警察署。”

4月7日深夜，按照作战计划，部队分头行动。少年铁血队埋伏在距离大蒲柴河镇西门不远的壕沟里。不多时，从西北的小蒲柴河方向传来了一阵马蹄声，指导员王传圣命令：“盯住敌人，不要急于开枪。”马蹄声越来越近，3个人带着5匹战马朝少年铁血队设伏的地点跑来，拼命策马向西门奔去。当他们接近西门时，王传圣把手一挥，战士们紧跟其后。这时，只听从西门内传来声音：“干什么的？”那三人急忙喊道：“我们是给营长送马的。”“快开门！快开门！后面有抗联跟上来了”。大门刚一打开，就在敌人闪身进去的同时，王传圣指挥战士一边扫射，一边迅速攻入西门。

这时，路北围墙里的敌人开始向外射击，根据情报人员绘制的草图，王传圣判断，这里就是伪警察署。于是，他们指挥部队冲到路北围墙下，但围墙太高无法进去。王传圣下令：“搭人梯！”战士们似老虎般地一个接一个地跃进墙内，同敌人展开近战，警察署伪军根本不是抗联战士的对手，战斗进行不到半小时，大部分敌人就被消灭，其余的缴械投降。这时，在西北角的炮楼里，还有几个敌人在负隅顽抗，不断从窗口向外射击。高玉信对着炮楼射击口就是一梭子子弹，大声喊道:“快快投降吧，再不交枪，就炸死你了！”怕死的伪军立即停止了射击，把两支二号匣枪从窗户里扔出，两个人举起手走了出来。经审问得知，他们两人是弹药库的管理员。战士们迅速打开弹药库，搬出了几支马枪、一挺重机枪和很多匣枪子弹。

这时，杨靖宇正好来到这里，王传圣和高玉信报告了战斗经过，杨靖宇高兴地说:“你们打得不错嘛！铁血队已经是呱呱叫的队伍了。”

抗联战士拿足枪支弹药后，将剩下的武器、弹药箱浇上汽油，放火点燃，部队快速撤离。一时间，火光冲天，响声如雷，震彻山谷。

这时，驻在街东头的伪军被打蒙了，以为抗联要攻打他们，所以坚守不出。待他们知道中计时，抗联队伍已不知去向。这次战斗，击毙日本警尉藤田一夫以下 20 余人，将伪警察署里的伪警察全部缴械。没收伪币 8 万元，缴获大批枪支弹药，烧掉了伪警察署、桦东办事处和敌人的军火仓库。

战斗结束后，杨靖宇特别关心少年铁血队的情况，见大家情绪很高昂，就说："你们这次打了一个胜仗，要注意总结经验，查找存在的差距，防止骄傲情绪。骄者必败啊！一定要防止这种情绪的产生。"

4月10日，杨靖宇率领部队来到了距离小蒲柴河西北15里的"集团部落"。部队到达东山后，用机枪向炮楼射出一梭子子弹，里面毫无反应。原来敌人早已逃跑。部队在这里筹足粮食后，于下午4时撤走。当晚，杨靖宇又率部攻下了距大蒲柴河20多里的小蒲柴河"集团部落"，有30多个伪警察被俘，缴获枪支30多支，部队在小蒲柴河停留一个晚上，又筹集了一些军粮。

第二天，杨靖宇率部再次袭击了大蒲柴河镇日伪军据点，歼敌70多人，缴获重机枪一挺。

杨靖宇领导的东北抗联第一路军，所到之处，令敌人闻风丧胆，望风而逃。1939年4月19日的《新华日报》，以《东北义勇军袭击敌垦区》为题，援引日本东京报道的大蒲柴河战斗。该报道说："吉林省的游击队又趋活动，上星期五有游击队三百人进攻日屯垦区附近之大蒲家河村（译音），将村长办公室焚毁，然后退去。”报道还说：“游击队枪声如爆竹而起，势颇猛烈，突击其情势，总数不下300多人，故于瞬间，第一道防线被突破，以至办事处及警察署等被焚烧。”由此可见，大蒲柴河战斗影响之大。

1939年6月，杨靖宇带领警卫旅第一团、少年铁血队、机关枪连大约200人返回到桦甸县的老金厂、老营沟一带，开展游击活动。

一天，侦察员从敌人的电话中获悉，6月4日有30多个伪军要去会全栈接运军用物资。于是，杨靖宇率警卫旅第一团和少年铁血队于4日拂晓前，在老营沟门附近的南山、西山设下埋伏，准备截击敌人运输队。

为了锻炼少年铁血队，杨靖宇决定把敌人放到铁血队跟前来打。部队进入伏击阵地后，少年铁血队根据杨靖宇的部署，埋伏在警卫旅第一团东面公路边的沙金坑内。由于数日劳累，一夜急行军，铁血队的战士们已十分疲惫。大家伏地而卧，静静等候，不料竟在暖烘烘的阳光下不知不觉地睡着了。

上午 10 时左右，30 多个伪军押运着军用物资向老营沟门走来，当走到少年铁血队的伏击阵地前时，却没一点动静。杨靖宇估计一定是少年铁血队的小战士们都睡着了，决定把敌人放到警卫旅第一团的阵地前解决。于是，等敌人进入第一团阵地前时，杨靖宇抽出手枪，连放 3 枪。警卫旅第一团战士听到指挥枪响，迅速投入战斗，与伪军押运部队展开较量。

在战斗中，敌人见老营沟对面的南山头上人声嘈杂，便朝山上胡乱开枪。不幸，一颗子弹打穿杨靖宇的小腿肚子。

铁血队的战士们看见总司令受伤了，都难过得掉下了眼泪，他们后悔不该睡觉。杨靖宇安慰铁血队的战士说：“你们睡觉当然是不应该的，但我也疏忽了，你们这些天太疲劳，没有照顾到你们。另外，指挥部人员也太轻敌了，枪响后，指挥部这里聚一大堆人，大喊大叫，引得敌人朝这里开枪，这也不能全怨你们。”听了杨靖宇的话，战士们既悔恨又感动。

杨靖宇由警卫旅机关枪连第一排、少年铁血

队、特卫排护送到松花江上游西岸的大楞场密营养伤。抗联后方医疗条件很差，药品奇缺，只能用盐水消毒，把自制的“狗皮膏药”敷在伤口上，几天后再换一次。杨靖宇由于失血过多，身体非常虚弱。警卫战士们想方设法给杨靖宇弄点有营养的东西，让他补一补身体，早日恢复健康。一天，警卫战士见附近河里有细鳞鱼，就开枪打了一条拿给杨靖宇。杨靖宇听到枪声后问:“刚才枪响，是谁打的？”杨靖宇听完小战士的报告后，严肃地说:“这鱼我不能吃，为了吃鱼连军纪也不遵守了吗？”杨靖宇让警卫战士不要整天守护着他，为他吃东西这类事操心，而要把时间用在学习和训练上。

养伤期间，杨靖宇总是书不离手，利用这段时间钻研问题，充实自己。当时，毛泽东的《论持久战》已辗转传入东北。杨靖宇得到这个本子后如获至宝，正好利用疗伤的机会，反复研读，认真领会。在此期间，杨靖宇十分关注部队的政治宣传工作，要求大家克服困难，坚持办刊办报，鼓舞部队士气。抗联第一路军创办的《中国报》，在1939年五六月间报道了第一路军抗日杀敌的战绩，激励抗联指战员在艰苦的条件下坚持战斗，起到重要作用。

经过20多天的治疗，杨靖宇的腿伤基本痊愈，重返战场，率领警卫旅、少年铁血队，转战桦甸南部山区，在甲碰子与伪军300余人交战，毙伤敌人70多人，缴获轻机枪1挺、步枪20多支。此后，又袭击了关门砬子的伪警察分驻所，俘敌40多人。不久，在桦甸南部的错草顶子袭击了伪森林警察“讨伐队”，缴获80多支枪，歼敌百余人。在取得这一系列战斗胜利后，杨靖宇又率领抗联警卫旅一团和少年铁血队转战濛江、辉南、临江等地，先后袭击了韩家街、李大房子、平岗、月牙泡“集团部落”。

在战斗中，少年铁血队成长很快，每次战斗，他们都冲锋在前，愈战愈勇，让杨靖宇感到十分欣慰。

分兵应对“群狼”

1939 年是东北日伪当局实施所谓“三年治安肃正计划”的最后一年，他们把“大讨伐”的重点再次移往东南满地区，妄图消灭征战在这里的杨靖宇和他领导的抗联第一路军。

4 月 7 日，日本关东军司令部在《昭和十四年度关东军治安肃正计划要纲》中特别指出，“对于捕杀匪首”杨靖宇等“须全力以赴”。伪满洲国《1939 年度治安肃正要纲》所附悬赏抗联领导人名单中，杨靖宇名列第一，赏金 1 万元。

在此严酷的形势下，抗联中有人提议，把部队暂时转移到苏联“避一避”。杨靖宇坚决否定了这个建议。还有人提出把司令部藏到长白山深山里去，其他部队在外面牵制敌人以保卫司令部。这个主张也遭到杨靖宇的批驳，他情绪激动地喊道：“没有党中央的命令，我不能擅自作主张向苏联转移。抗日抗日，你走了还叫什么抗日？我是三个方面军的统帅，就应该亲临前线，指挥三个方面军同敌人浴血奋战，你到长白山里猫起来，这叫什么抗日！”

9月，伪日满军警联合作战司令部在伪吉林省成立，日本关东军第二独立守备队司令官陆军少将野副昌德为总司令官，陆军大佐北部邦雄为参谋部长，统一指挥三省日伪军警对抗联第一路军进行联合“大讨伐”。

敌人的这支队伍兵力雄厚，包括日军独立守备队步兵5个大队，伪军18个旅，三省警察队和热河、奉天、滨江、锦州调来的增援部队，以及叛徒程斌、崔胄峰、唐振东为头目的“挺进队”充当向导和先锋，总兵力为7.5万多人，此外，还配有一个飞行队。

敌人的目的非常明确，就是“发挥日满军警的综合力量，专心一意捕杀歼灭杨靖宇匪团”。他们采取了多种战术，如“梳篦式”“踩踏战法”“陆空呼应”，以及“军事讨伐”同“诱降工作”相结合等，但是最为重要的是一种叫“狗蝇子”的战术，意思是一旦发现目标，就像“狗蝇子”一样，盯住不放，血腥“围剿”。敌人如此肆无忌惮，居然不惜自称“狗蝇子”，已见其险恶居心。

9 月下旬，杨靖宇率领第一路军总部警卫旅、少年铁血队、机关枪连、特卫排向桦甸县境内转移，30 日在头道溜河口与魏拯民等会合。他们在一所伪军废弃的营房里，召开了中共南满省委、抗联第一路军主要领导人会议，为粉碎敌人聚而歼之的阴谋，会议决定化整为零，把抗联第一路军分成若干小股部队同敌人周旋，魏拯民率部去吉林、图们地区，金日成率部在长白山、鸭绿江上游地区，杨靖宇居中指挥协同作战，在濛江、抚松一带坚持斗争，灵活机动地打击敌人。此后，抗联第一路军各部开始了艰苦的反“讨伐”作战。

杨靖宇率部 400 余人在桦甸县夹皮沟、濛江县瓮圈、金川县回头沟等地活动，牵制敌人，使得第一路军的其他各部顺利转移。

部队在濛江县瓮圈密林深处整训 20 余天。这时的给养问题越来越突出。为了隔断抗联与当地百姓的联系，日伪当局采用“归大屯”以及建“集团部落”等方式，将居民集中起来，并在森林中开辟汽车道以减缩游击队的活动地域。

抗联第一路军生存所需物资来源越来越少，只能依赖密林深处营地储存的食物，而由抗联叛徒组成的“挺进队”，专门寻找秘密营地，破坏粮仓。程斌投降以后，他带人摧毁了抗联的补给生命线——密营，将杨靖宇苦心经营的70多个密营破坏殆尽，彻底断了杨靖宇的粮道和休整地，使得杨靖宇和他的队伍陷入了绝境。

虽然给养严重不足，但是杨靖宇仍然率部多次与敌交战。据日伪资料记载，杨靖宇指挥的抗联第一路军，在1939年10月，共袭击敌人24次，与敌人交战26次；11月袭击敌人25次，交战29次；12月袭击敌人9次，交战25次。3个月共袭击、交战138次。战斗之频繁、残酷、激烈达到空前的程度。

这个数字是惊人的。据气象资料记载，当时濛江地区夜间最低温度是零下42摄氏度。杨靖宇率领部队不停地在雪地里行军、打仗，战士们身上的棉衣全被树枝扯开了花，白天黑夜都挂着厚厚的霜，而裤子总是湿的，寒风一吹便冻成甲，很难打弯儿，迈步都吃力。鞋子跑烂了，就把棉衣揪下一块包脚，割几根柔软的榆树条子绑上。抗联第一路军遭受巨大的损失，许多优秀指战员相继牺牲，到1939年年末，第一路军已不足千人，斗争形势异常困苦。

1940年1月11日，为了使部队免遭敌人围歼，杨靖宇决定进一步分兵。他命令警卫旅政委韩仁和、警卫旅第一团政委黄海峰率领60余人北上，而他自己则率警卫旅第一团四连、机枪连一排、特卫排和少年铁血队共200人继续留在濛江县西岗一带活动。

杨靖宇留在西岗一带的目的是与第一路军军需处处长全光会合，研究解决部队的棉衣和粮食供给问题。在这狭小的地域，杨靖宇一连等待了20多天，也未见全光前来会面，结果使部队陷于敌人围攻之中，部队也减员过半。

在部队已无给养的情况下，杨靖宇派出60人到那尔轰马架子筹集粮食，不慎暴露踪迹，申麟书伪森林警察大队和伪军骑兵第八团循迹追来，包围了杨靖宇所部。杨靖宇率部与前来围攻的敌人连日展开激战，终于在3天后才与派出的筹粮队会合。

由于警卫旅第一团参谋丁守龙在马架子战斗中负伤被俘后叛变，他向敌人供述了杨靖宇“最近行动”“南下之主因”“行动推测”“杨今后驻扎或逃避地点”“抗联一路军编制”等军事秘密，使杨靖宇率领的抗联再度陷入艰难境地。

敌人获得了杨靖宇及抗联第一路军总部活动的准确位置后，日伪当局调集日军大原、有马等部队，伪军第一旅步兵三团及程斌、崔胄峰的数支“挺进队”共同组成“讨伐”部队，由伪通化省警务厅厅长岸谷隆一郎统一指挥，在清江岗北方西岗地区，对杨靖宇及抗联第一路军总部进行疯狂的围追堵截。

地冻天寒，群敌如狼，杨靖宇率领的抗联战士在常人难以想象的险恶条件下，与顽敌作决死斗争。敌人漫山漫谷地搞“梳篦式”讨伐，甩掉一股又遇上一股，很难得到休整机会。

疲惫的战士们是多么需要休息一会儿啊！多么

需要坐下来生起一堆火，好好地烤一烤，把冻成冰的衣服烤化、烤干，把冷冰冰的身子烤暖。特别是夜里，气温骤降，冻得大树嘎巴嘎巴直响，就连粗大的树干也冻出了裂缝，何况我们的战士！有的战士鼻子冻白了，有的手脚冻烂了，他们坚忍着！他们需要一堆火，但绝对不能生火！一旦生火，火光照出老远，青烟飘上林梢，敌人就会扑上来，部队就更加危险。行军休息也只能待在树上，还要不断在雪地上蹦，如果坐在地上，就再也起不来了。

更大的困难是没有吃的，不要说是粮食，就连草根也找不到。厚厚的积雪深埋着一切，坚硬的冻土也很难挖动，战士们饥饿难忍时，只好找些树皮充充饥。他们先把老皮刮掉，再把那层泛绿的嫩皮一片片削下来，放在嘴里嚼一嚼，勉强咽下去。战士们也吃柞树上结的橡子，甚至吃堵枪口的黄蜡，结果浑身浮肿起来，有的喝盐水也不起作用。

杨靖宇和战士们一样，不仅忍饥挨饿受冻，还要随时指挥部队与蜂拥而来的敌人战斗。他就是一团火，只要他在哪里，战士们的心就温暖、就踏实；他是意志的力量，他以身作则、浑身透出的与敌抗战到底的坚强信念和刚正不阿的凛然正气，深深地影响着战士们战胜一切艰难困苦的信心和决心。

铁血丹心

坚守东边道

杨靖宇率部离开西岗，开始向五斤顶子山林地带移动。当时雪深齐腰，行军极为艰难，加之饥饿寒冷，敌人又在军犬的引领下，不时突然而至。杨靖宇指挥部队一边奋力迎战，一边迅速向西挺进，他要尽快甩开敌人，冲出险区。

1940 年 1 月 28 日，杨靖宇率部抵达约定的会师地——马屁股山，只见严冬的山谷里飘着罕见的大雾，能见度极低，几步之外的物体都看不见。走在前面的尖兵走走停停，一边辨别方向，一边搜寻着前进，与大部队渐渐拉近了距离。突然，尖兵发现大雾中有一排排帐篷，他们不知不觉地陷入敌人的阵营中了。这时大部队也跟了上来，想避已经来不及了。

原来这些帐篷是伪军的几个“讨伐队”，他们是进山来搜寻杨靖宇及抗联第一路军总部的，因天降大雾，便支起帐篷暂避。

就在抗联尖兵发现敌人帐篷的同时，敌人的哨兵也发现了抗联部队。双方立即开火，一场混战开始了。敌人纷纷从帐篷里拥出，机枪、步枪一起向抗联部队打来。杨靖宇凭借敌人的枪声和喊声，迅速判断出敌人的兵力多寡和方位，他一边沉着指挥应战，一边寻找突围的方向。由于大雾弥漫，抗联部队首尾不能相顾，拥出来的大批敌人把整个部队都冲散了。双方只能听到枪声，却看不到人影，等发现对方时，全凭眼疾手快取胜。敌我双方搅在一起，形成了一场残酷的绞杀战。敌人一片又一片地被击毙，但抗联战士也一个又一个地倒下了。激战中，抗联部队又损兵半数以上。

战斗持续到中午时分。当杨靖宇率队甩掉敌人，来到马屁股山另一侧时，大雾才渐渐散去，顿时，山岭、森林清晰可见。激战后的山林，硝烟飘浮，林涛作响，好似在为英勇献身的抗联烈士们奏起的悲壮乐章！

日伪军发现杨靖宇的部队后，又迅速布下了更大的包围圈。“讨伐队”陆续增加，日军有马大队，叛徒程斌大队、唐振东大队、崔胄峰大队，他们正虎视眈眈地等待着进攻时机。敌机不断地在树梢上盘旋，发现抗联部队就用机枪扫射。

杨靖宇强忍悲痛，叫来四连副连长马青山，嘱咐他带着 23 名伤员，立刻转移到小石仓子沟养伤。马青山不忍心离开总司令，要求留下来。杨靖宇劝他说：“在这种危难时刻，我们领导者的责任，就是带好部队，保护好战士！眼下前有伏兵后有追兵，不把伤员转移出去怎么行呢？”

1 月 30 日凌晨，杨靖宇率领部队，经桦甸乱泥沟，向南横越桦濛公路，转移到濛江的东双丫子山。这天，少年铁血队指导员王传圣在敌机的袭击中，右小腿骨被打折，杨靖宇将他安排在东双丫子山西坡养伤，并决定在这里宿营。

杨靖宇找来各连干部个别谈话，了解部队思想动态。这时，特卫排排长张秀峰进来，嗫嚅地说：

“报告司令，我有话要说。不光我这样认识，徐哲处长和王传圣也这么认识，他俩让我来跟您先说说。”

“说了半天，你要说什么呢？”杨靖宇的目光直盯着张秀峰，“你从15岁就跟我，已经5年多了，说话利索点，要像刀切萝卜那样——嘎嘣脆！”

张秀峰低着头接着说：“总司令您是知道的，入冬以来总部不管走到哪里，敌人总是跟到哪里。这一点，我们大家都很明白，敌人把讨伐的矛头，都指向总司令您身上了！为了这事，我和王传圣两次三番找徐处长商量，让他劝劝您：选出20名精壮战士，带上两挺机枪，找个地方隐蔽起来，先避避风头。我们这些人豁上命也要把总司令保护好。徐处长很为难，他让我先过过话，所以我来见您。”

“现在，马屁股山一战，总部主力丧失一大半，许多人都有危机感，有些人把在林子里拾到的敌人飞机撒下的传单照片揣在怀里。您看看，原先您的警卫员，受伤变成了吴瘸子，投敌后得到敌人的关怀，照了两张照片：什么‘新婚酒宴’‘洞房花烛’，这说明军心在浮动啊！”

张秀峰最后说:“总司令如同意我的意见，我首先报名参加保卫队。”

“你们不怕死吗？”

“不怕死！”

“不怕死的跟我走！‘猫’起来算啥英雄？我‘猫’起来，就等于把抗联第一路军的旗帜藏起来，岂不把各方面军指挥的方向给歪曲了吗？这样叫全军耻笑的事，我干不出来。我宁为玉碎，不为瓦全！要为中华民族争口气！做人，要像南宋文天祥那样，做个有正气的人！”

说罢，杨靖宇从笔记本上撕下一张纸，把《过零丁洋》中的“人生自古谁无死，留取丹心照汗青”和《酹江月·和友驿中言别》中的“镜里朱颜都变尽，只有丹心难灭”挥笔默写下来，说:“我写给你，带给徐处长、王传圣，你们好好掂量掂量，那就是我的心志，你们一块讨论吧！”

张秀峰离开杨靖宇，把杨靖宇写下的词句递给了徐哲。

次日凌晨5时左右，又有一大股敌人寻踪而至。在杨靖宇的指挥下，部队再次突出重围，向五斤顶子附近的三角卧石、那尔轰古石山方向转移。傍晚，杨靖宇指派直属机枪连指导员宫明义，回马屁股山接回在那里做联络工作的 18 名机枪连战士归队。指派特卫排排长张秀峰回东双丫子山西坡接在那里养伤的王传圣，去后方医院养伤。自己亲率两个排去为军医处处长徐哲、朴成哲带领的 19 个伤员送行。约定将伤员送往两江口后方医院安置后，二人返回时在淌石砬子接头。路上正巧遇到总部参谋李兴绍的联络员，报告说李兴绍率领警卫旅第三团 200 多人，在蝲蛄夹南山等待与总部会合。

此时，杨靖宇身边只有 60 余人了，又不断有人因冻饿而牺牲。残酷的生存环境再一次考验着坚强的抗联战士们。

同时，敌人也加大了宣传攻势，在山林里随时可以捡到敌人的传单。他们除了炮制“东北抗联已经瓦解”等谎言外，还利用已投降的叛徒或者家属亲朋来说降。

比饥饿和严寒更让杨靖宇痛心的是，在这次“大讨伐”中，抗联再次出现叛徒，带枪逃跑事件时有发生，部分逃兵更是转而投降日军，加入“挺进队”，成了“围剿”杨靖宇的先锋和主力。

就在杨靖宇派特卫排排长张秀峰去接负伤的王传圣时，他不但没有执行命令，反而携带 4 支手枪、9960 元钱以及部分机密文件趁机叛逃投敌了。他是与杨靖宇将军情同手足、亲如父子的人啊！张秀峰从小失去父母，一直被杨靖宇带在身边，将其抚育成人，在杨靖宇的培养下，成为杨将军部下一个得力的干将，是杨靖宇非常信任的人。

张秀峰的叛变，把杨靖宇逼上了绝境，进一步暴露了第一路军司令部的行踪。敌人又从桦甸、安图等地调来大批日伪军，协助驻通化、濛江的“讨伐队”，将五斤顶子层层包围。

2 月 2 日清晨，杨靖宇率部巧妙地突破敌人的重重包围，来到蝲蛄夹南山，同李兴绍部及随后赶到的曹亚范部会合了。3 人进行了紧急磋商，杨靖宇传达了红石砬子会议精神，指示将现有部队由大化小，每队 30—40 人为宜，召之即来，挥之即去，相互支援，保存实力。最后规定了联络办法：春节后，阴历正月“逢五”“逢九”，派联络员到一撮毛山、七个顶子楞场，同总部联络员接头。

4 日，杨靖宇率部来到杨树沟，部队已断粮多日。于是派陈连长带 15 人前往马家店的小西北岔，去背贮藏粮。第二天凌晨，突然发现敌人布下的监视岗哨，杨靖宇命令于伦带 6 人在前头开路，抢占南方高地，用机枪掩护背粮队。杨靖宇则带队向那尔轰古石山方向转移。没走多远，就同日军的大原大队、小浜特遣队、伪警察桑大队遭遇。交战中，他们边打边退。这时，背粮的 15 名战士被敌人冲散，于伦带领的小分队也没有跟上来，杨靖宇只好利用“雪窝子”作掩护，派人回去联络，直到天黑也没联系上他们，杨靖宇只好带着余部退到大青沟。

此时，杨靖宇身边仅余 15 人。

为了甩掉敌人，杨靖宇带领大家整整走了一夜，但敌人总能顺着脚印追上来。天快要亮的时候，下了一场小雪，脚印不见了，敌人才失去追击目标。

天亮后，杨靖宇和战士们来到红石砬子下边的一条山沟里。这里树高林密，又与一个大木场接近，山路上来往行人较多，树林里到处是升起的炊烟，杨靖宇等十几个人在这里也容易混过敌人的耳目。由于帐篷、火炉全扔了，战士们只好用斧子和锯砍伐一些树枝，在雪地上为杨靖宇搭地铺，上面铺上一条狗皮褥子，再找来块木头当枕头。杨靖宇喝了一点警卫员黄生发用罐头盒煮的苞米汤后，连身上的枪都没卸，和衣躺在树枝上，盖着一件皮大衣，翻了几次身，把树枝压平坦些，愉快地说："好舒服啊！你们也抓紧时间睡一会儿吧，养足了精神，好跟敌人干。"

这几天，杨靖宇患了重感冒，大家为了让杨靖宇暖暖身体，在他身旁生起一堆火。然后，战士们又点燃几堆火，便在各自的树枝堆上躺下了。大家实在是太疲乏了，一躺下就睡着了，只有几堆篝火在熊熊燃烧，温暖着战士们的身体。

当警卫员黄生发从睡梦中醒来，发现杨靖宇正坐在火堆旁拿着细麻绳缝补棉裤。原来，大家都睡得太香，火堆烧着了杨靖宇身下的树枝，把杨靖宇的棉裤烧出两个碗口大的窟窿。杨靖宇用麻绳往一起连着，但窟窿太大了，怎么也连不上。黄生发急中生智，从自己已经撕开口的衣襟上扯下一块布，

递给杨靖宇。杨靖宇见黄生发撕下衣襟，生气地说:“你怎么能撕棉袄？”黄生发站起来，指着自己的棉袄说:“你看，缺一块儿不大好看，可是还有棉裤腰挡风，不碍事，快补上吧。”说着，就动手把那块带点棉花的布，缝补在杨靖宇的棉裤上。缝好后，黄生发才发现，杨靖宇的棉裤是黄的，而补丁是白的。杨靖宇用手摸了摸那块补丁，连声说:“很好，很好！友谊的纪念。”

2月7日，正是除夕，杨靖宇说:“我们可以隐蔽在这里休整几天了，但今天是过大年，没有好吃的，也不能让同志们饿着肚子过年哪！”他指示警卫员黄生发和司务长刘福泰去弄点干粮给大家充充饥。

黄生发、刘福泰向进山的“伐木帮”讨了些干粮，勉强让战士们填了填饥饿的肚子。

2月8日，护送完伤员的军医处处长徐哲返回时，带着第二路军交通员老李来见杨靖宇。他是带着抗日联军第二路军总指挥周保中于12月20日写的亲笔信过来接头的。信中介绍了抗联第二路军及北满地区斗争情况，并建议第一路军在环境极端艰苦、斗争实在难以坚持下去的情况下北撤，与第二路军会合，背依黑龙江和苏联，保存实力，以图再战。杨靖宇表示：“第一路军要同东边道的父老兄弟们一起，坚持抗战到胜利的那一天！”而后送交通员老李返回吉东去传递第一路军的消息。

部队的休整只是暂时的，敌人追捕抗联的行动并没因过年而停止。杨靖宇派出去取粮的吴永福和孙九号两名队员，返回时被警戒的伪森警发现，吴永福被追踪的敌人开枪打折腿后被俘，孙九号绕道跑了回来。

这时，敌人的追兵还是跟上来了，杨靖宇说：“快进老林子。”说完，从腰间抽出两支匣枪，双手向追敌开火。黄生发、朱文范、聂东华紧随杨靖宇，保护着他退入老林子。这时，发现敌人是带着机枪兜上来的，这说明吴永福被俘后漏了底。杨靖宇又立即命令：“散开！突围！”

黄生发、朱文范主动留下进行掩护。当他们完成任务，沿着脚印寻找总司令会合时，却意外发现胯骨负重伤的第二路军交通员老李。黄生发和朱文范就去搀扶他，老李着急地问：“司令呢？”黄生发说他们与杨总司令失去联系，老李坚决地推开他们说:“你们不要管我，赶紧去找总司令。”

就在黄生发和朱文范正焦急地寻找时，杨靖宇奇迹般地出现了，问道:“后面还有人吗？”黄生发报告了交通员老李的负伤情况，杨靖宇说:“别光顾我一个，怎么把他丢下了呢？快去找人。”

朱文范同另一名战士回去找交通员老李，黄生发捡来一些干枝升起火堆。只能取暖，一点吃的也没有。大伙一天没吃饭，饿得不行。站在杨靖宇身边的黄生发，呆立了半晌，最后下决心把特意留给总司令的小块苞米饼子干儿，拿出来递给杨总司令说:“司令，你吃点吧。”杨靖宇没有去接，看了看便说:“就这点干粮，为什么给我吃呢？你把它掰碎，煮汤给大家喝，暖和暖和身子吧！”汤煮好时，朱文范他们也把负伤的交通员老李背了回来。黄生发拿出一把铜羹匙，让大伙轮流着喝汤。

借着火光，杨靖宇挨个瞧着每个战士的脸，满怀信心地鼓舞大家说:“别泄气，敌人是搞不过我们的。”他握了握拳头，又继续说:“就是我们几个人死了，还有人继承我们的事业，革命总是要成功的！”

再次分兵

敌人还在不停地追击。

1940年2月11日下午，程斌的“挺进队”又追来了。这时，杨靖宇再次决定将已经为数不多的15名战士分成两拨突围，跟随他的是警卫员黄生发、朱文范、聂东华等6人。

黄生发和朱文范掩护着司令，抡起双把匣子，对着冲上来的敌人一阵猛扫，接着一个翻滚滚到山下。黄生发发现身边有一块伐木工人刚丢下的苞米干，于是捡起放进衣兜时，突然感到左腿不得劲，伸手一摸才知道是负伤了，朱文范左臂也受了伤。他们顾不得疼痛，一边抵抗着敌人，一边随杨靖宇钻进了林子里。杨靖宇让人给他们二人进行了包扎，“掐”一丁点儿大烟土给他们止痛，而后率领大家，一鼓作气突围到南天门的后双山子。

休息时，黄生发递过捡来的一张纸，杨靖宇接过一看，是敌机投下的第 13 号《野副讨伐司令部讨伐旬报》。杨靖宇借着雪地反射的微弱光线，见上面刊登着 2 月 1—10 日敌人的战绩，记录着张秀峰、吕苏恩、高桃伸、于伦、路振范、武连生等人的投敌时间和地点，这才弄明白自己所率部队屡遭敌人围袭的原因，都是叛徒告密所致。

杨靖宇看罢，在林中雪地踱了许久，然后停了下来对大家说："看来这几天情势更加严峻了，我们 7 个人，最好分开走。"

大伙一听都哭了起来，纷纷表示："我们决不离开总司令，要死就一块死，要活在一起活！"

杨靖宇劝说道："死到一块有什么好处呢？多活一个人，革命就多一分力量！"正说着，就听见敌人叫喊着搜了上来。杨靖宇指挥大家利用地形赶紧隐蔽，待敌人散兵线拉过去后，他召集大家继续说道："我们还是分开走好。能出去一个也好！当然这不是个人逃命，而是要担负起联络的责任！"

最后，命令黄生发："你带刘福泰、孙九号、好赛盖（洪瑞泰，朝鲜语）往回走，去找关系住下来养伤。我带朱文范、聂东华去联络部队。"说完，杨靖宇从笔记本上撕下一页早已写好的纸条，交给黄生发，指示他去桦甸水䍃子沟密营找陈政委，让他派联络员来濛江西泊子联络。最后叮嘱他说：“顺路把第二路军交通员老李接走，送到后方医院去养伤。”

杨靖宇从衣兜里掏出一块东西，掰下一块交给黄生发：“拿着，伤口疼的时候好吃。”黄生发接过来一看，原来是块烟土。

跟随杨靖宇从无数次危险中走过来的警卫员黄生发颤抖着双手，真想扑到杨靖宇的怀里大哭一场。大家十分清楚，当时敌人都往前边去了，往回走是相对安全的，找个空子就可能钻出敌人的包围圈，而继续去联络部队是非常危险的。在这危急时刻，杨靖宇再一次把生的希望留给战友，把危险留给自己。

要分手了，黄生发把捡来的苞米干悄悄交给朱文范，并嘱咐说：“你要好好照顾司令，找个地方把干粮烤给他吃。”

2月12日，杨靖宇和黄生发等4人一一握手道别，微笑着把每个人都仔细地看一遍，长期跟随杨靖宇转战南北的 4 名战士紧紧地握着杨靖宇的手，以崇敬的目光望着自己亲爱的司令。司令瘦了，颧骨也高了，前额新添了几道皱纹，但两只眼睛仍炯炯有神，声音还是那样浑厚有力。杨靖宇凝视着 4 名战士，坚定地说:“同志们，为了革命，我们要坚持到底！就是死，也不能向敌人屈服。革命不管遇到多大困难，总是会胜利的！”

黄生发等 4 名战士告别了杨司令，恋恋不舍地向山下走去。走几步就回头望望，司令站在一块巨大的山石上向他们挥手。走远了再回头，只见司令那高大的身躯，像一棵挺拔的苍松，屹立在群山之间。

送走了黄生发等 4 名伤员，杨靖宇带领朱文范、聂东华继续在密林中前进。他要找到部队，找到战友，他要牵制敌人，他要同日伪军战斗！

由于情况紧急，人员太少，已无法掩盖留下的脚印，杨靖宇只好让后边的人踩着前面人的脚印走。他们踏着没膝深的积雪，冲出黄花松甸子，来到针阔叶树混生的密林高地，摆脱了敌人的包围。但寒冷和饥饿依然威胁着他们的生命。

2月15日，杨靖宇派朱文范、聂东华到附近村子找些吃的，自己捡些干柴，打算点火取暖。这时，一声枪响，打破了森林的寂静。杨靖宇抬头看去，敌人又拥上来了。从那熟悉的动作，杨靖宇一眼就认出，前面的就是那个当了伪警察大队长的叛徒崔胄峰。原来，叛徒程斌、崔胄峰带着日伪军"讨伐队"和伪警察大队在搜索杨靖宇行踪时，在五斤顶子北方的一个山坳里发现了一行足迹，熟知抗联情况的叛徒从脚印的深浅和坚实程度，判断出杨靖宇身边人数不多，就加快了追击的速度。

杨靖宇见大批敌人蜂拥而至，便迅速转移。伪通化警务厅厅长岸谷隆一郎这样叙述当时的情况："大个子崔君（指叛徒崔胄峰）怎么追也没追上杨"。"他已经饿了好几天肚子，但逃跑的速度很快，两手摆动得越过头顶，大腿和屁股摆动的姿势，像鸵鸟跑的那样。"然而这时的杨靖宇已多日未能吃上东西，体力消耗已经到了极限。

下午3时左右，600多名敌人突然从一座山顶追下来。杨靖宇见敌人已经逼近，便在距敌人上百米的一处有利地势停下，以一棵大树作掩护，双手交替射击，把敌人压在山坡上。

伪警察大队副队长伊藤用生硬的中国话对杨靖宇喊道："你跑的不行，归顺吧，大官的给。"

杨靖宇高声说道："在归顺前我有话要说，你一个人上来吧。"伊藤不知是计，便说："好，我马上就去。"

就在伊藤从雪窝里爬起的一瞬间，杨靖宇向这个侵略者射出了 3 颗愤怒的子弹，只听一声惨叫，伊藤应声倒地。叛徒崔胄峰见其主子被撂倒，呼地跳起，叫骂着带领四五个伪军就要冲过去。杨靖宇又扣动扳机，也将这个无耻叛徒打倒在地，其余几个伪军也被杨靖宇撂倒。杨靖宇用手枪毙敌 1 人，伤敌 6 人。敌人有的忙着救护受伤的伊藤及崔胄峰，有的虚张声势地往前涌。

敌人称杨靖宇是"能在 200 米以内开枪打掉树上苹果那样的名手"。所以，他们表面上张牙舞爪，但都生怕躲闪不及，被杨靖宇的手枪"点名"。杨靖宇乘机钻入密林，"完全像巨人那样跑着"。战斗中，杨靖宇左臂受了伤。

天渐渐黑了，雪地上模糊不清的脚印更加难以辨认。日伪军“讨伐队”被杨靖宇拖得疲惫不堪，早晨出发时600人的“讨伐队”，到次日凌晨2时，能追上来的只有40多人了。

岸谷隆一郎下令把火柴集中起来，一根接一根地划着，借着微弱的光亮，辨认着雪地上的血迹和脚印，缓慢地向前追踪。

杨靖宇穿过板石河口七八公里的密林，然后转过头来，从密林的另一侧绕行，回到太阳落山时走过的那条路，踏着敌人在雪地上踩出的又宽又平的路，到预定地点与警卫员朱文范、聂东华会合了。

将军之死

1940年2月18日，杨靖宇再次派出警卫员朱文范、聂东华到濛江县城东南的大东沟苕条顶子炭窑，动员炭窑的老赵头帮助买些食品。没想到这个老赵头竟是日伪特搜班密探，他假意应承，拿着两位警卫员给他的钱，跑到大东沟伪警察分驻所告了密。

大东沟警防队和特搜班立即分两路向在炭窑里等待的朱文范、聂东华发起袭击。激战中，朱文范、聂东华中弹牺牲。日伪当局将他们的遗体运到濛江县城，让叛徒前来辨认，确认是杨靖宇的两名警卫员。他们还从两位烈士的遗物中发现了一枚刻有“杨靖宇印”4个字的木戳。于是，敌人认定杨靖宇就在附近，命令严密封锁濛江县各村之间的道路，进一步缩小包围圈，并且在当天发出通告，严令进山打柴人“绝对不许携带午饭”，违者以“通匪”论处，并在濛江县城乡村到处派出特务、密探，对行人严加盘查。

朱文范、聂东华出发不久，从大东沟方向传来激烈的枪声，杨靖宇判断两名警卫员与敌人遭遇了，立即按照事先约定，在树上刻下暗号，迅速撤离。

杨靖宇用了3天时间，翻过赤柏松岗，向濛江县城方向移动。杨靖宇的这一行动，一方面可能是为了出其不意，因为敌人认为杨靖宇肯定向深山密林转移；另一方面可能是因为实在太饿太冷了，如果这样继续下去，很快就会冻死饿死。为了找到部队，把东南满的抗日斗争坚持下去，他要尽快摆脱饥饿和严寒的威胁，他必须生存下去。

杨靖宇将军孤身一人，在林海雪原中辗转，他不仅数日未食，而且正患重感冒，加之左臂几天前落下的枪伤，已是伤病累累、疲惫不堪。然而，就是在这样凶险的环境下，他仍然以惊人的毅力，与数百名敌人在山岭密林中周旋了 5 天 5 夜。

那时储存抗联过冬物资的密营，全都被敌人破坏了，寒冬腊月的东北林区，莫要说粮食，就连草都埋在二三尺深的积雪里。能够赖以维系生命的只能是他棉衣里的破旧棉絮。

2 月 22 日，这天是元宵节，杨靖宇踏着没膝的深雪，走到濛江县城西南方 6 公里处保安村三道崴子，这里是一片原始森林，地上长满了扭筋子树。杨靖宇冒着漫天风雪，在这片森林里找到一个被废弃的地戗子，作为休息隐身之所，孤独地度过了他一生中最后漫长的一夜。

23 日上午，精疲力尽、饥饿难耐的杨靖宇，在林中的地戗子附近终于碰见了 4 个上山打柴的农民，他们是保安村伪牌长赵廷喜和村民孙长春、辛顺礼、迟德顺。因“围剿”山上的抗联，日伪警察严禁砍柴的村民带食物进山，杨靖宇就恳求他们回村给自己买点食物和棉鞋，还答应多给钱。

赵廷喜虽不知道他就是杨靖宇，但从言谈举止中已明白他是抗联人员，便劝他说道：“你还是投降吧，如今满洲国不会对投降者杀头的。”

杨靖宇坚定地回答说：“我是中国人，不能做这样的事情，这样做也对不起广大人民。”“如果我们中国人都投降了，咱们中国不就完了吗？人要对得起自己的良心啊！”

在杨靖宇的劝说下，赵廷喜他们答应回村给杨靖宇弄点吃的，并和杨靖宇约定了见面和送货的地点。就在赵廷喜回去的路上，他们遇见了铁杆汉奸李正新。在李连哄带吓之下，赵廷喜索性说出了此事。李正新听后大喜，立即去保安村伪警察分驻所告密。

消息迅速报给了伪通化警务厅长岸谷隆一郎。岸谷根据报告中描述的体貌特征，判断那人就是杨靖宇！

岸谷马上派警务厅特务科日本警佐西谷，带着抗联叛徒张奚若、白万仁、王佐华等 21 人，组成第一批快速“挺进队”。赵廷喜“举报有功”，随后又给大批日伪军警充当向导，带着他们向杨靖宇所处的位置围拢过去。

16 时左右，“挺进队”赶到杨靖宇约定的交接食物的地方，没见到人影，却发现了一排上山的脚印。而在三道崴子附近躲避的杨靖宇，没有等来老乡送粮和棉鞋，警觉的他率先转移了。果然，等来的是追击他的敌人。

循着脚印搜索，敌人终于在三道崴子 703 高地发现了杨靖宇。他们一边向岩石缺口处的人影开枪，一边分左右两队包抄过去。敌人心里明白，杨靖宇身经百战，他们不多派日军是根本斗不过杨靖宇。敌人又先后派出 5 批共 100 多人，叛徒程斌也到场加入“围剿”。

西谷指挥日军和伪军警不断向杨靖宇将军逼近，当离他不到 200 米时，西谷下令部队停止前进，然后开始喊话，试图劝降：“君是杨司令否？”

杨靖宇凛然回道：“不必多说，开枪吧。”

敌人仍不甘心，让叛徒继续叫喊：“你怎么抵抗也没用，归顺吧！放下武器，保留生命，还能富贵！”杨靖宇早已下定坚决抵抗的决心，依然手持双枪，痛恨地向敌人射出愤怒的子弹。

最后的战斗开始了，杨靖宇以树丛和积雪为掩护，且战且走，拼命应战。敌人分两路向他逼来，交战20分钟时，一颗子弹击中了他的左腕，他继续用右手不断地进行射击。

“讨伐队”向杨靖宇逼近到100米、50米，最后迫近到20米，完全包围了他。西谷还想劝他投降。

杨靖宇手持匣子枪，厉声怒斥：“谁是抗联投降的，滚出来我有话说。”在大义凛然的杨司令面前，那些叛徒们早已吓破了胆，不敢向前半步。此时，敌人已明白，无论是活捉还是劝降都是不可能的。天色已暗，最后，西谷下达了射杀的命令。

英雄的杨靖宇终因寡不敌众，一颗罪恶的子弹击中了他的胸膛！

时间定格在1940年2月23日16时30分，杨靖宇高大的身躯仰面倒在大树旁的雪地上。终年35岁。

千古流芳

杨靖宇将军壮烈殉国，群山低首，万木悲鸣。

敌人摘下地戗子门板当排子，把杨靖宇将军的遗体运到濛江县城。第二天又令叛徒张奚若、白万仁用铡刀铡下了将军那颗高昂不屈的头颅。

杨靖宇的头颅被装进一个木箱里，木箱前面是透明的玻璃，然后用汽车运到当时的通化省城，沿途示众，恐吓中国民众和抗日力量。日军还把杨靖宇的头颅拍照，印刷了 20 万张带图片的传单，用飞机撒向抗联战斗过的地方及一些居民区，大肆宣扬“杨靖宇部已被肃清”，炫耀他们的“赫赫战功”。最后，他们把杨靖宇的头颅送到伪满洲国的新京关东军司令部，用药水浸泡在瓶子里，秘密匿藏起来。

岸谷隆一郎怎么也想不明白，杨靖宇被追击的 5 天 5 夜里，没有任何粮食给养，他究竟是怎么支撑下来的，而且还能一直战斗？岸谷隆一郎要剖开杨靖宇的胸腹看一看，看一看他是怎样的与众不同。

杨靖宇的遗体在濛江县民众医院进行解剖。当医生打开杨靖宇的腹腔时，看到他的胃因长期饥饿，导致严重萎缩变形。胃里面没有一粒粮食，只有一点尚未消化的树皮、草根和棉絮，有的棉花明显是刚刚吃进去的，一团一团还没变样。看到这些，医生手中的手术刀竟惊落在地！在场的日酋古见政八郎、岸谷隆一郎等，个个大惊失色。

壮士喋血，为争民族之气！英勇不屈的杨靖宇将军让残暴的侵略者震惊了，折服了。参与“围剿”的伪通化省警务厅厅长岸谷隆一郎不得不承认：“虽为敌人，睹其壮烈亦为之感叹：大大的英雄！”

日本侵略者割下杨靖宇的头颅后，他的遗体起初被弃置于濛江县城郊外的荒野。感于杨靖宇的威名，保安村村长刘成祥带人悄悄给杨靖宇收尸掩埋。仅仅几天后，日军忽然大改对待杨靖宇遗体的草率态度。他们找回杨靖宇的遗体，用木头刻了一颗假头颅，一起装到上等棺木中。3月5日，在保安村北门外的山岗上，岸谷隆一郎亲自立墓碑、题词，按照日本的习俗和安葬仪式，为杨靖宇举行了隆重的“慰灵祭”，还请来日本僧人念经、做礼拜。

素来敬仰杨靖宇的当地群众，以自己的方式解读日军的反常举动，形成了一个流传至今的传说：杨靖宇的头颅被铡下后，伪东南满地区“讨伐”司令野副昌德总是噩梦连连，醒来后仍头痛难忍。有高僧告诉他，是杀害杨靖宇犯了天煞，必须厚葬杨靖宇才能化解。邪恶在正义面前总是软弱无力的！这样的安葬，完全是慑于杨靖宇将军的神威！慑于抗日将士的不屈精神！亲自指挥缉捕杀害杨靖宇将军的岸谷隆一郎，在日本投降后，自知对中国人民罪孽深重，在家自杀谢罪。人民对那些背信弃义、叛变投敌，后又加入围追杨靖宇和抗联战士，给革命带来莫大损失的无耻叛徒也都作出了应有的判决和惩罚。

在敌人看来，杨靖宇作为共产党东北抗联最高领导者，活跃于赤化工作，杨之死，国内赤色分子武装工作完全失去统治力和组织力。然而，杨靖宇牺牲后，在共产党的领导下，抗联战士擦干血泪，挺起胸膛，继续向日本侵略者勇猛冲杀，继续为抗日救国浴血奋战。

杨靖宇牺牲后，他的亲密战友、抗联第一路军副总司令魏拯民抱病出征，继续领导南满地区和抗联第一路军的斗争，一次次痛击日本侵略者。1940年3月13日，在桦甸县头道溜河口，魏拯民主持了中共南满省委和抗联第一路军领导干部会议，为杨靖宇举行了隆重的追悼大会。他悲壮地致悼词说：

“杨总司令为革命事业艰苦卓绝地奋斗了一生。他的全部生活是党的生活，他没有个人生活。他是为我们中华民族的解放事业而被日本侵略强盗杀害的，我们要完成杨总司令生前没有完成的事业。到革命胜利的那一天，我们每一个人都要无愧于心地在靖宇墓前说：杨靖宇同志，我们在你之后，做了我们应该做的事情。我们宣誓：为了祖国人民，为了杨总司令，我们第一路军全体战士紧密团结，坚决继承杨总司令的事业，踏着烈士的血迹，继续奋战，克服一切困难，一定把日本鬼子赶出去！”

3月25日，刚刚攻克和龙县大马鹿沟木场并全歼伪森林警察队的金日成，从敌人报纸上得知杨靖宇牺牲的噩耗，胜利的喜悦荡然无存：“看到他阵亡的消息，连饭都吃不下去。我和杨司令，民族不同，出身也不同，但我想起同他相逢时的种种情景，仍然久久地暗自流泪。”

1941年2月15日，东北抗联第三路军总指挥李兆麟致函魏拯民等，沉痛吊唁杨靖宇：“使我们最痛惜的，就是我们最敬爱的杨靖宇同志长逝！这是我们党的和全中国抗战的极大损失！我们向我们的革命烈士——杨靖宇暨东北无数忠勇战士宣誓：我们必须而且一定的、忠诚的在伟大的共产国际、中共中央旗帜之下，一致的团结起来，为继承我们革命先烈的遗业实现到底而斗争！来永远纪念他们！”

1941年3月12日，中共吉东省委书记兼抗联第二路军总指挥周保中致函魏拯民：“靖宇同志壮烈殉国，失却一位抗日人民领导支柱。”

1941年10月26日，中共中央在不能最后确认杨靖宇是否壮烈牺牲的情况下，将他和毛泽东、朱德一起，推举为东方各民族反法西斯大会——中国共产党在延安主持召开的唯一一次大型国际性会议名誉主席团委员。

抗日战争结束后，经过14年艰苦卓绝斗争的抗联战士，又在中共中央和东北局的领导下，战斗在解放战争的最前线。1945年12月26日，中共中央电令东北局，迅速建立了杨靖宇支队。这支以原抗联第一路军同志为骨干的人民武装力量，继承杨靖宇将军的遗志，举起杨靖宇的大旗，依托以通化为中心的老根据地，投入剿匪的斗争。

1946年12月14日，在杨靖宇牺牲6周年前夕，根据全县人民的一致意愿，濛江县改为靖宇县，并于同日发表了《为濛江县易名告各地同胞书》。在靖宇县命名的同时，当地群众自发捐资重修杨靖宇陵墓，并于杨靖宇殉国6周年之日，举行落成仪式。在杨靖宇墓前，抗联同志和当地群众放声痛哭，情景极为悲壮。

抗战胜利后，杨靖宇烈士的遗首一直下落不明。为此，中共中央和东北局多方设法寻找。在东北局社会部的领导下，长春地下党将寻找杨靖宇遗首作为主要工作之一。终于在 1948 年 10 月 19 日长春和平解放之际成功寻获，并于 10 月 24 日将烈士遗首安全护送至哈尔滨，暂时安放在东北烈士纪念馆。

1949 年 2 月 23 日，哈尔滨举行了杨靖宇殉国 9 周年公祭。中共中央东北局敬献挽联：“将军血战长白山忠贞义烈光党史，大军直捣长江南歼彼丑类慰忠魂。”同年 5 月，郭沫若来哈尔滨参谒东北烈士纪念馆和杨靖宇遗首，当即慷慨悲歌：“头颅可断腹可剖，烈忾难消志不磨。碧血青蒿两千古，于今赤旆满山河。”以志永念。

1949 年 8 月底，杨靖宇初到东北的老上级刘少奇来到东北烈士纪念馆，在杨靖宇的遗首前，深情地三鞠躬，深切表达他对革命先烈的无限缅怀和崇高敬意。

1952 年，中央人民政府内务部批准在通化为杨靖宇修建陵园，1957 年落成。7 月 15 日，朱德为杨靖宇陵园题词：“人民英雄杨靖宇同志永垂不朽”。

1958 年 2 月 23 日，杨靖宇殉国 18 周年纪念日的这一天，在刚刚落成的杨靖宇陵园，党中央为杨靖宇举行了国家级的公祭安葬仪式，将杨靖宇的遗骨和遗首合体安葬。毛泽东敬献花圈，挽词是：

靖宇同志永垂不朽

毛泽东　敬挽

党中央、国务院和刘少奇、周恩来、朱德敬献了花圈。

杨靖宇的朝鲜战友、与中国人民患难与共的金日成、崔庸健等也敬献了花圈。

数以万计的各界群众，冒着严寒，从四面八方涌向英雄安息的地方举行悼念。

这一天，雪后的通化城银装素裹，皎洁的白雪，象征着杨靖宇将军纯洁、不朽的伟大精神。

……

杨靖宇作为中华民族伟大的抗日民族英雄、优秀的共产主义战士、杰出的人民军队将领、卓越的无产阶级革命家，在中国革命史、中国抗战史和中共党史、解放军军史上都占有极其重要的地位。

杨靖宇是在抗战期间被党中央表彰的东北抗联领导人；是与毛泽东、朱德一同当选为东方各民族反法西斯大会名誉主席团委员的中共党员；是新中国成立以来享有政治局委员和元帅规格葬礼的革命先烈；是受到党中央两代领导核心题词的抗联领导人；是被党的历代领导核心和领袖在诸多重要讲话中反复提起的抗日名将。

1981 年 7 月 1 日，在纪念中国共产党建党 60 周年大会上，党中央将杨靖宇列为“早年为党为国捐躯的人民军队的杰出将领”，号召全党深切怀念。

2005 年，在杨靖宇百年诞辰之际，通化市投资 4000 多万元，重新修缮了杨靖宇烈士陵园，并在园区内新建了东北抗日联军纪念馆，以弘扬杨靖宇将军的革命精神。杨靖宇烈士陵园目前已经成为全国爱国主义教育示范基地和全国红色旅游经典景区。

2005 年 9 月 3 日，在纪念中国人民抗日战争暨世界反法西斯战争胜利 60 周年大会上，党中央将杨靖宇列为“中国人民不畏强暴、英勇抗争的杰出代表”，宣示“牢记历史、不忘过去”，“英雄业绩永载史册”，“英灵永垂不朽”。

2009 年，为纪念中华人民共和国成立 60 周年，中宣部等多个单位联合举办“100 位为成立新中国作出突出贡献的英雄模范人物和 100 位新中国成立以来感动中国人物”评选活动，抗联名将杨靖宇被评为“100 位为成立新中国作出突出贡献的英雄模范”。

2014 年 9 月 3 日，在纪念中国人民抗日战争暨世界反法西斯战争胜利 69 周年大会上，习近平总书记高度赞誉杨靖宇等英雄群体，“是中国人民不畏强暴、以身殉国的杰出代表”。

2015 年 9 月 2 日，习近平总书记为抗战英雄代表颁发中国人民抗日战争胜利 70 周年纪念章并发表重要讲话，指出中华民族英雄辈出，特别是在中华民族受尽欺凌的近代，无数民族英雄奋起抵御外侮、救亡图存、保家卫国，谱写了感天动地、气壮山河的壮丽史诗，涌现杨靖宇等一大批抗击外敌入侵的民族英雄和众多英雄群体，强调“包括抗战英雄在内的一切民族英雄，都是中华民族的脊梁，他们的事迹和精神都是激励我们前行的强大力量”。

杨靖宇，伟大的抗联名将，用血肉之躯凝筑起坚不可摧的民族脊梁。英雄的故事在广袤华夏大地间回荡，在亿万炎黄子孙的脑海中萦绕。英雄的精神在历史的奔涌长河中接替传递，在我们赓续连绵的血脉中不断传承。

后 记

时光飞逝，民族英雄抗日名将杨靖宇壮烈殉国整整过去将近80个年头。正如同矗立在白山黑水间的通化市杨靖宇烈士陵园一样，他始终没有离开过我们，永远活在中国人民的心中：人们从曾与他一起战斗过的战友的追思文章中，从当年参加东北抗联老战士的回忆录中，从军史学家研究的著作中，从文学家的文学影视作品中，从中国人民革命军事博物馆和杨靖宇家乡纪念馆，以及散落在黑土地上抗联战士当年战斗的遗迹、遗物中，处处都可真切地感知到他的存在，聆听到他的故事，铭记着他的英名。他的名字早已成为抵抗外侮、敢于斗争，顽强奋战、慷慨赴死的精神象征，教育和影响着一代又一代的中国人民。杨靖宇的精神是永恒的！随着时代的发展，我们更加怀念他！敬仰他！

为使他的事迹和精神得以更加广泛地传颂，我们也需要不断地书写他！

本书是在前人研究成果的基础上，从杨靖宇烈士平凡而伟大的一生中选取的最具代表性的英雄事迹，结合中国革命发展历程和英雄烈士的人生经历，在充分尊重史实的前提下，编写成的这本故事汇，力求用一系列好看的英雄故事传递一种伟大的精神。在编写过程中，得到军事科学院军队政治工作研究院沈志华院长、崔连杰政委的大力支持，解放军党史军史研究中心郭志刚主任、曲宝林副主任给予了具体的指导和帮助。成稿之后，还请姜铁军、翟清华、张从田、武运鄂、褚银、康月田等多位专家学者进行了审读。

主要参考的书籍和资料有：当代中国人物传记丛书《杨靖宇传》（杨靖宇传编委会编著／当代中国出版社），中共党史人物传《杨靖宇》（陈瑞云、张留学、王保源编著／中共党史出版社），中国抗日战争军事史料丛书《东北抗日联军》卷（中国抗日战争军事史料丛书编审委员会编著／解放军出版社），《民族精魂——杨靖宇年谱》（卓昕编著／

吉林文史出版社),《杨靖宇传》(赵俊清著 / 黑龙江人民出版社),《杨靖宇的故事》(徐骏华编著 / 中国社会出版社),为新中国成立作出突出贡献的英雄模范人物《杨靖宇》(姜辣编著 / 吉林文史出版社)。

在此,谨向关心和帮助过的各位领导、专家学者,以及上述作者、编辑致以最诚挚的谢意!

编　者

2018 年 12 月

图书在版编目（CIP）数据

杨靖宇 / 军事科学院解放军党史军史研究中心编写组编著. -- 北京：学习出版社，2019.5（2021.5重印）
（中华先烈人物故事汇）
ISBN 978-7-5147-0916-2

Ⅰ. ①杨… Ⅱ. ①军… Ⅲ. ①杨靖宇（1905-1940）—传记 Ⅳ. ①K825.2

中国版本图书馆CIP数据核字（2019）第091137号

杨靖宇
Yáng Jìngyǔ
军事科学院解放军党史军史研究中心编写组

责任编辑：李　岩　　封面绘画：刘书移
技术编辑：周媛卿　聂夏菲　　内文插图：韩新维
美术编辑：杨　洪

出版发行：学习出版社
北京市东城区崇外大街11号新成文化大厦B座11层（100062）
010-66063020　010-66061634　010-66061646
网　　址：http://www.xuexiph.cn
经　　销：新华书店
印　　刷：北京盛通印刷股份有限公司

开　　本：787毫米×1092毫米　1/32
印　　张：5.75
字　　数：81千字
版次印次：2019年5月第1版　2021年5月第12次印刷

书　　号：ISBN 978-7-5147-0916-2
定　　价：22.00元